U0111477

大展好書　好書大展
品嘗好書　冠群可期

武術特輯
81

精 編
陳式太極拳
拳劍刀

武世俊　編著

大展出版社有限公司

國家圖書館出版品預行編目資料

精編陳式太極拳拳劍刀／武世俊　編著
——初版，——臺北市，大展，2006年〔民95〕
面；21公分，——（武術特輯；81）
ISBN 957-468-460-1（平裝）

1.太極拳　2.劍術　3.刀槍術

528.972　　　　　　　　　　　　　95006069

精編陳式太極拳拳劍刀　　ISBN 957-468-460-1

編 著 者／武 世 俊
責任編輯／張 建 林
發 行 人／蔡 森 明
出 版 者／大展出版社有限公司
社　　　址／台北市北投區（石牌）致遠一路2段12巷1號
電　　　話／（02）28236031・28236033・28233123
傳　　　眞／（02）28272069
郵政劃撥／01669551
網　　　址／www.dah-jaan.com.tw
E - mail／service@dah-jaan.com.tw
登 記 證／局版臺業字第2171號
承 印 者／高星印刷品行
裝　　　訂／建鑫印刷裝訂有限公司
排 版 者／弘益電腦排版有限公司
授 權 者／北京人民體育出版社
初版1刷／2006年（民95年）6月

定價／300元

●本書若有破損、缺頁敬請寄回本社更換●

作者近照

與國內各派武術
名家合影

研究會成立大會上
在山西大同市陳式太極拳

拳術演示

拳術演示

拳術演示

拳術演示

雙刀

槍術

劍術

單刀

辛勤筆耕　　　　　　　　　　　　　　　　散打訓練

輔導學員練太極拳

輔導學員練推手

前　言

　　陳式太極拳的演練套路已有多種，其中既有傳承下來的老套路，也有經過簡化的和後人創編的新套路。本書寫作的指導思想是，要將陳式太極拳的主要動作都包括在內，而又不顯冗長；保留老架的原始特點，又要在風格上有所突破，從這些套路中不但有陳式太極拳的固定練法，又能體現出源於其中拳種的古樸風韻。

　　本書由拳、劍、刀三個部分組成。從套路的演練技巧和風格表現上來講，它們是相同的。

　　新編的拳、劍、刀套路是一個系列。其中拳包括66個原始拳式，基本概括了陳式太極拳的主要動作，且少有重複。練起來強調鬆活彈抖，跌宕起伏，剛柔相濟，舒展大方，突出意在動前、情在動中、動如撕棉、迂迴折疊的新風格。劍由62個不重複的劍式組成，包括20多種劍法和不同的身法與步法，動作銜接緊密，劍法明確，起伏曲折，瀟灑飄逸。刀由40個刀式組成。不但包括了老式「太極十三刀」的練法，同時在步法、身法的協調上更趨於合理，演練起來更顯古樸典雅，刀法順暢。

　　這三個套路均有一定的難度，運動量也較大，適合有一定武術基礎的人們去研練，也適合初學者去學習，爲進一步深造作參考。

目　錄

第一章 精編陳式太極拳

第一節 精編陳式太極拳簡介

精編陳式太極拳是在先輩們流傳下來的傳統套路的基礎上，根據勁力變化的特點和動作的銜接技巧，去繁求簡、去偽存真而重新整理編排的一個演練套路。該套路以老架動作的原始練法為主，個別拳式在尊重實戰用法的基礎上，為了過渡的圓活順暢起見，以簡明大方的動作表現出來，使之演練起來更顯勁力順達，美觀舒適。

該套路編入 66 個原始拳式，基本包括了老架一、二路的主要內容，且少有重複。選擇以老架拳式的勁力種類為主線，將該套路共分為六段，以便從不同的角度上去掌握演練技巧和內勁的訓練。同時也明確指出了個別拳式與其他拳種在練法和勁力上的類同之處，以便參考。

演練該套路時，要求自始至終具有假設敵的概念，掌握「意在動前，情在動中，動如撕棉，迂迴折疊」的原則，才能真正突出陳式太極拳的實際特點，其纏絲勁力的掌握也就在其中了。同時，每個動作都應體現出「心氣一發，四肢皆動，足起有地，動轉有位」的實戰技法，才是演練該套路的真諦所在，才能將其演練得出神入化，將人們帶到美的意境，反映出古樸典雅、八面威風、輕柔穩健、鬆活彈抖、起伏跌宕、剛柔相濟、纏繞連綿、舒展大方、快慢有節、招式多變的獨特神韻。

該套路具有一定的難度和運動量，適合有武術基礎的人演練，也適合初學者學習和進一步深造作參考。

第二節 精編陳式太極拳拳法術語詮釋

為了更好地理解該套路中的動作練法,對於一些常出現的拳法術語解釋如下:

1.手順纏絲 在旋轉中以小指領勁,手掌展開,以腕為軸,向掌心方向旋轉為順纏絲。

2.手逆纏絲 在旋轉中以拇指領勁,手掌展開,以腕為軸,向掌心方向旋轉為逆纏絲。

3.前臂外旋 當手以順纏絲旋轉時,前臂將外旋。

4.前臂內旋 當手以逆纏絲旋轉時,前臂將內旋。

5.掤勁 以意念使肢體任何部位引伸拉長而產生一種彈性勁力,均為掤勁。

6.捋勁 在意念引導下,肢體的任何部位旋轉向後或向左右側面引化之勁為捋。

7.擠勁 雙手交叉,兩臂成環形,合力來推發的勁力為擠。

8.按勁 掌心向前或向下推出之勁力為按。

9.採勁 意念以掌指扣住對方手臂或其他肢體,順勢借力由輕而重、快速、短促地猛力牽抖回抽之勁為採。

10.挒勁 與捋勁方向相反的一種勁力,以掌指或掌外沿在短距離內忽然抖擊而出的勁力,或以弧形斜向旋出的勁力。

11.肘勁 以肘尖或肘的周圍部位在近距離貼著對方肢體擊發之勁。

12.**靠勁** 以肩部或軀體其他部位緊貼對方肢體忽然抖擊之勁。

13.**虛領頂勁** 意念頭頂百會穴有向上頂或上提之勁。

14.**含胸** 舒鬆自然不向外起，也不故意內縮。

15.**拔背** 背要舒展，有向外擴和上下拔伸之意，不可前弓後仰。

16.**垂肘** 肘自然彎曲下垂，不可僵直或揚起。

17.**沉肩** 鬆沉下垂，不可聳起，也不可後張前扣。

18.**提肛** 身體下腹會陰穴部位有收提之意。

19.**圓襠** 兩大腿根部不可夾住，應虛而開。

20.**蓋步** 一腳經支撐腳前橫落。

21.**插步** 一腳經支撐腳後橫落，又名「偷步」。

22.**塌腕** 腕部下沉而鬆柔，不僵緊，手掌略朝上，又名「坐腕」。

23.**提腕** 腕部上提，手掌鬆柔下垂。

24.**化腕** 以腕關節為軸心，手掌順、逆纏絲。

25.**化肘** 以肘關節為軸心，前臂內外旋轉。

26.**化肩** 以肩關節上下左右纏繞旋轉。

27.**八字手** 食指上挑，拇指張開、虎口圓撐、其餘三指屈攏的手型。

28.**挎肘** 前臂外旋，屈肘上舉，手心朝裡，肘尖朝前下方。

29.**架肘** 前臂內旋上舉，肘尖向上，手心朝外上架。

30.**掛肘** 一臂屈肘，以肘部由前向後掛。

31.**抄拳** 屈臂，拳自下向前上方抄起擊打，高不過頭，拳背向前，力達拳面。

32.**崩拳** 拳經腰側直向前旋轉沖出，虎口向上，高與肋平；順肩垂肘，上臂微屈，前臂平直，肘微屈，力達拳面。

33.**抹掌** 一掌心朝下，沿另一手臂上方向前成弧形抹動。

34.**抽掌** 一掌心朝上，由先向後屈肘抽回。

35.**掛拳** 拳眼朝前，以肩為軸，使拳由下向前上方挑掛，力達拳眼。

36.**貫拳** 拳從體側下方向前上方弧形猛力橫擊，臂略屈，拳眼斜向下，力達拳面。

37.**砸拳** 手臂先上舉，拳心朝上，再屈臂猛力下砸，力達拳背。

38.**砍掌** 右掌心朝上，向左水平方向猛力砍擊為左砍掌。右掌心朝下，向右水平方向猛力砍擊為右砍掌。

39.**偏馬步** 前腳微內扣，後腳橫向外，前腿稍屈，後腿屈蹲，重心略偏於後腿。

40.**歇步** 兩腿交叉屈膝全蹲，前腳全腳著地，腳尖外展，後腳腳跟離地，臀部坐於小腿上，接近腳跟。

第三節　精編陳式太極拳動作名稱

第 一 段

第一式　起勢

第二式　金剛搗碓

第三式　懶扎衣

第四式　六封四閉

第五式　單鞭

第六式　第二金剛搗碓

第七式　白鶴亮翅

第四節 精編陳式太極拳動作圖解

第一段

第一式　起　勢

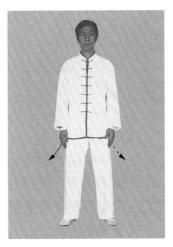

圖 1-1

1. 兩腿分開站立，兩腳距離與肩同寬，兩膝微屈，並向裡有相合之意。十趾意念抓地，腳底湧泉要空虛；二目平視，頭正項直，下頦回含，閉唇叩齒，舌舐上顎，虛領頂勁，俗稱「神仙一把抓」；沉肩垂臂，兩手鬆開，含胸拔背，提肛鬆腹，面向南（圖 1-1）。

【要領】

此為無極樁功的要求，「無形無象，全體透空」。思

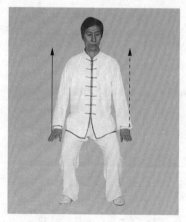

圖1-2　　　　　　　　　　　　　　　　圖1-3

想排除雜念，提高思想意識境界，重點掌握「鬆」「靜」二字。要求打拳先從椿功開始，不站椿則氣不暢，形不穩，勁不整。

　　2.隨著呼氣，兩掌心朝下，十指向前下方慢慢伸插；同時，兩腿緩緩屈膝，微下蹲。目視前方，面向南（圖1-2）。

　　【要領】

　　在椿功中以靜求動，漸漸有欲動之意時開始慢慢動作。

　　3.隨著吸氣，雙掌繼續由下向前伸插，其勁如推銼，隨即，雙臂順勢上掤至與肩平。目視前方（圖1-3）。

　　【要領】

　　出手如推銼，提臂如抽絲。在沉肩垂肘中感覺臂部掤勁，有上掤對方肢體之意。

　　4.隨著勻慢細長的呼氣，雙臂下沉，雙掌塌腕緩緩下捋，其捋勁直達掌中，隨之下按於兩胯前側，勁力移至掌

精編陳式太極拳拳劍刀

圖 1-4

圖 1-5

根稍停，面向南（圖1-4）。

以上三動合稱為「金蟬脫殼」。

5. 兩掌以腕為軸，順時針纏繞並向下旋按。目視左側，面向南（圖1-5）。

【要領】

鬆腰圓襠，以腰旋轉帶動雙臂。以腕為軸，以掌心為中心，向下旋壓，並在旋按過程中尋找按勁。

圖 1-6

6. 上動不停。隨著緩緩吸氣，兩臂順勢向左前方平舉至與肩齊平，手心朝下。目視雙手，面向南（圖1-6）。

【要領】

仍須有兩臂上掤掛化的意念，此時下身不起。

圖1-7   圖1-8

　　7. 雙手右逆左順纏絲翻腕，同時，雙臂順時針由左前方向右後側捋帶。目視前方，面向南（圖1-7）。

　　【要領】

　　要有兩臂纏捋對方手臂的意識。並要十趾抓地，兩腿屈膝穩紮如樁，提肛圓襠。

　　8. 隨著呼氣，雙掌左逆右順纏絲翻掌，由右後側經下方向左前方弧形推按，勁力直達掌根。目隨手移，面向南（圖1-8）。

　　【要領】

　　雙掌推按時，腰、背要向後撐，形成對開之勢。兩臂畫弧時要圓活順暢，不可僵緊。

　　9. 隨著吸氣，雙臂下沉，兩掌同時向右後側下捋。目隨手移（圖1-9）。

　　10. 上動不停。雙掌同時以腕為軸，逆時針畫弧上翻，掌心朝上。目隨手移（圖1-10）。

　精編陳式太極拳拳劍刀

圖 1-9

圖 1-10

【要領】

雙掌要有上托斜帶引化的
勁力作用。

11. 上動不停。雙掌由右
後方向前上方推擠。目視前
方（圖1-11）。

【要領】

在整個起勢動作過程中，
要求以腰旋轉帶動雙臂，徐
徐畫弧，順逆纏繞。總要欲
上先下，欲左先右。身要

圖 1-11

穩，勁要順，勁由內轉，鬆肩活節，不可僵緊。時刻意念
每一動作的實戰意義。完成掤、捋、擠、按四種正勁的訓
練。

圖 1-12　　　　　　　　　　圖 1-13

第二式　金剛搗碓

1. 兩掌以腕為軸，逆時針化腕纏繞一周後，隨即向後
捋帶；同時，右腳向右側斜跨出半步，重心右偏，並屈膝
下蹲成右偏馬步。目視前方，面向南（圖 1-12）。

【要領】

要在引化對方手臂、撤步斜捋的意念作用下完成該動
作。

2. 上動不停。兩掌以腕為軸，順時針纏繞化腕一小周
後，右掌向後捋，左掌上托並向後引化；同時，左腿屈膝
提起，收靠於右腿內側，腳尖上翹，腳掌稍離地面並與地
面平行；右腿屈膝略下蹲。目視前方（圖 1-13）。

【要領】

雙掌向後捋托時，兩臂掤勁不可丟，須沉氣塌腰，鬆
肩垂肘，縮身下蹲，有欲進身襲敵之意。

精編陳式太極拳拳劍刀

圖 1-14

圖 1-15

3. 上動不停。隨著呼氣，右腿屈膝下蹲，左腳落地，並以腳跟內側沿地面向左前方鏟地而出，成左仆步；同時，雙掌向右後推按，與左腿形成對開之勢。目視左前方（圖 1-14）。

4. 上動不停。隨著吸氣，身體重心沿下圓弧向左腿偏移；同時左腿漸漸屈起；左臂上掤。目視前方（圖 1-15）。

圖 1-16

5. 上動不停。以腰帶動雙臂順時針畫弧，使兩掌以腕為軸，前臂以肘為軸，化腕化肘後，短距離向右後方採抖；同時，上身協調後移成左高仆步。目視前方（圖 1-16）。

圖 1-17　　　　　　　　　　　　圖 1-18

【要領】

重心兩次左右移擺，胸、腰折疊迂迴，始終要意念化腕化肘，來引化對方推按之勢，借勢採抖，方為核心。兩臂總要鬆活彈抖，外似柔而無骨，內卻始終不失掤勁。氣斂於內而外顯輕靈。兩腿樁步要穩紮，不可虛晃。

6. 上動不停。隨著呼氣，上身再次下沉；俯身以左掌向左腳前斜撐。目視左前方（圖 1-17）。

7. 上動不停。隨著吸氣，左臂上撩掤起；重心左移，上身漸起，左腿漸漸屈起成左弓馬步；同時，兩肩順時針纏繞化肩化腕，右掌向右後下方短促一採，左掌順纏絲，以掌外沿旋向抖捌，隨之左肩上靠，左肘側擊。目視左前方（圖 1-18）。

【要領】

要始終意念近身擊敵。採手、捌掌、肘擊、肩靠均須在該動中體現出來，外形不必太明顯，內動必須轉換。

圖 1-19

圖 1-20

8. 上動不停。隨著吸氣，右腳向右前方上步，並以前腳掌虛觸地；同時右掌隨上步向右前方撩出，掌心朝前；左臂屈肘上掤，橫架於胸、腹前，左掌心朝下，護於右肘內側。目視右掌（圖 1-19）。

【要領】

右腳上步，須有趟泥涉水、吃力拔步前行的意念。要以前腳掌內側沿地面擦地前移，須與撩掌、吸氣同步進行。

9. 右手握拳，輕輕落於左掌心；同時兩腿屈膝下蹲成高馬步，然後周身放鬆。目視前方（圖 1-20）。

10. 稍傾，吸氣長身，右腿屈膝上提；同時右拳平舉，離開左掌至胸、腹間。目視前方（圖 1-21）。

11. 隨著吸氣，右腳向右側落地鬆沉下震；同時，右拳向下砸於左掌掌心上，手與腹同高；隨之，兩腿屈膝下蹲成馬步。目視前方（圖 1-22）。

圖 1-21　　　　　　　圖 1-22

【要領】

「金剛搗碓」要在全身放鬆的情況下，以意念引導，以內勁催動來完成震腳運動。震腳後要調整身形，做到身正項直，圓襠扣膝，氣沉丹田。

第三式　懶扎衣

1. 左掌托右拳，隨著吸氣，以腰帶臂，使雙手在腹前順時針纏繞一小周。目視左方（圖1-23）。

【要領】

應由意念來帶動小腹蠕動，雙手貼腹部，隨腹而動。

2. 接上動不停。雙手纏繞後，按切線方向順勢展開，速

圖 1-23

圖 1-24　　　　　　　　　　圖 1-25

度由快變慢，左掌向左側下方撩按，右拳變掌，上掤斜架
於頭上方，雙手漸漸停住。目視左前側（圖 1-24）。

【要領】

蓄而後開，先快後慢。兩臂撐張應與旋腰協調配合。
左掌略向左前下，右掌略向右上後，形成對開之勢。

3. 以腰甩動雙臂，右掌順勢以腕為軸順纏絲，左掌順
勢以腕為軸逆纏絲化腕，形成左掌上托，右掌撩按之勢。
目視左手（圖 1-25）。

4. 上動不停。隨著含胸束膀，兩臂於胸前交叉，左前
臂在上，左掌向右上側推按，右掌向左下側推按。目視右
手（圖 1-26）。

【要領】

含胸束膀，意在蓄勁，蓄而後發。

5. 上動不停。右腿輕輕提收至左腿內側，右前腳掌輕
點地，雙腿屈膝下蹲。目視右側（圖 1-27）。

圖 1-26

圖 1-27

6.上動不停。隨著吸氣，右掌向左下側推按，速度由慢漸快，停頓於左側；同時，右腿向右側橫向跨出一步，重心右移，右腿屈膝下蹲成右弓步；左腿微屈。目視右手（圖1-28）。

7.上動不停。身體右旋；隨著吸氣，右掌以腕為軸，在左肩外側順時針畫弧截

圖 1-28

攔，再順勢經胸前向右側捋帶；同時，重心向右腿偏移，漸成右弓步，左腿蹬直；右掌心向前下方，與肩同高；左掌隨腰旋轉，順纏絲使掌心朝上翻轉，上托於腹前。目視右手，面向西（圖1-29）。

圖 1-29　　　　　　　　圖 1-30

【要領】

　　從右腿提收回左腿側後再出腿，應為一完整動作。右臂要舒展而開，動作要平滑順暢，有捋引對方手臂之意，沉肩垂肘，全身放鬆，大捋時速度由快變慢。

　　8. 由腰帶動右臂，右掌以腕為軸，順時針纏繞畫弧一小周後，右掌塌腕下沉；同時，隨著緩緩呼氣向後坐身，重心向左腿偏移，兩腿屈膝下蹲成左偏低弓步。目視右掌，面向西（圖 1-30）。

【要領】

　　「邁步如貓行，運勁如抽絲」，形從外變，勁由內轉。隨著呼吸，輕舒右臂向右大捋，最後須調整定勢，做到沉肩垂肘，凸掌塌腕，提肛圓襠，頂勁虛靈，成為一樁功姿勢。

圖 1-31 　　　　　　　　　　圖 1-32

第四式　六封四閉

1. 隨著吸氣，重心略向上提；同時，旋腰帶臂，右手以腕為軸，順時針纏絲一小周；左掌隨腰、腹起伏順時針翻腕成掌心朝下。目視右手，面向西（圖 1-31）。

2. 上動不停。隨著呼氣，重心向左下方偏移；同時含胸束膀，右臂順纏絲下捋於襠前；左手逆纏絲，貼著腹部向外翻掌，掌背貼附於右肘內側；右腿隨下捋之勢漸漸蹬直成右仆步。目隨手移，面向西南（圖 1-32）。

【要領】

該兩動在欲下先上中完成下捋手法。要意念纏繞、抓捋對方手臂，速度由快漸慢，其勁如撕棉，不可鬆散。

3. 上動不停。雙臂交叉合抱成環狀橫置於胸前，右臂在外，右掌心朝前；左臂在內，左掌按於右前臂內側，在腰帶動下，合力向前平擠；同時，重心前移，右腿漸屈膝

　精編陳式太極拳拳劍刀

圖 1-33

圖 1-34

成弓步，左腿漸漸蹬直。目視前方，面向西（圖 1-33）。

【要領】

兩臂前擠，背應向後靠，使氣貼背而行，與兩臂形成對開之勢。

4. 隨著吸氣，重心後移，並向下沉；雙手同時順纏絲回抽，兩掌心均朝上。目視右手，面向西南（圖 1-34）。

圖 1-35

5. 上動不停。腰向左旋，重心順勢再偏移於右腿；兩掌隨腰向左上方托引斜帶。目隨手移（圖 1-35）。

【要領】

上兩動以腰引化，意念順勢斜化引空對方進攻之力，

圖 1-36　　　　　　　　　　圖 1-37

力達掌心，蓄而待發。速度由快漸緩，為力的迂迴折疊。
雙腳要十趾抓地，腿部穩紮而不可虛晃。

　　6. 兩掌在頭兩側稍加停頓轉折，此時，腰略右旋，帶
動兩掌均逆纏絲，置於兩耳側；重心略向左腿偏移。目視
右前方（圖 1-36）。

　　7. 上動不停。隨著呼氣，兩掌由掤托之勢向右下側斜
按，力達掌根，掌心朝前下方；同時，左腿隨下按之勢，
沿地面輕輕收攏於右腿內側，前腳掌虛著地，重心平穩前
移，雙腿屈膝下蹲。目視雙手，面向西南（圖 1-37）。

　　【要領】

　　胸腹幾次轉折，重心幾度移擺，均為雙臂纏繞，在假
設敵的意念引導下，完成掤、捋、擠、按等勁力的變化。
外視輕柔，內卻剛健，輕提腿，穩移身，勁由內換，與呼
吸協調配合。

精編陳式太極拳拳劍刀

圖 1-38

圖 1-39

第五式　單　鞭

1. 隨著吸氣，腰略向右旋，身體隨之微微下沉；兩臂
以腰帶動，輕柔纏繞，使兩掌同時以腕為軸順纏絲折疊，
右掌在上，左掌在下，兩掌心均朝上。目視雙手，面向西
南（圖 1-38）。

2. 上動不停。左掌心朝上收至腹前；右掌變勾手，弧
形上提至頭右上側。目視右勾手（圖 1-39）。

【要領】

提右手時仍須保持沉肩垂肘，含胸拔背，時刻留意在
腰間的要求。

3. 輕輕提起左腳，高不過踝，貼附於右腿內側；隨之
縮身下蹲。扭頭目視左側，面向東（圖 1-40）。

4. 隨著呼氣，右腿單腿屈膝下蹲；同時，左腳以腳跟
內側輕觸地，鏟地而出成左仆步。目視左方（圖 1-41）。

圖 1-40

圖 1-41

5. 重心向左腿偏移，右腿漸蹬直，左腿漸屈成左弓步；左肩向左側靠，力達左肩。目視左側（圖 1-42）。

【要領】

上三動為進步肩靠技法，故意念重點放在左肩上。勁力內換，直達左肩。

6. 腰略向右旋，並折疊下沉，重心再次向右偏移；右腿漸屈，左腿漸蹬直成左仆步；

圖 1-42

同時，下沉左肩，左臂內旋，左掌逆纏絲下推掌。目視左方（圖 1-43）。

【要領】

意念集中在左肩，鬆沉下旋，為化肩技法，意在引化

精編陳式太極拳拳劍刀

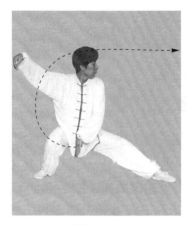

圖 1-43

圖 1-44

對方進攻之勢。

　　7.重心再度左移；右腿漸漸蹬直，左腿漸屈成左弓步；同時，左掌逆纏絲，在腰帶動下，左掌沿逆時針弧線經頭前屈臂向左側推出。目視左前方，面向東南（圖1-44）。

　　【要領】

　　左掌展臂推擊，須意念沉肩引化對手後再推擊對

圖 1-45

方。其勁由內換，由肩部轉向手臂，直達掌根。

　　8.隨著呼氣，身體微向右旋下沉；在意念引導下，從左掌向右勾手逐節放鬆，使兩臂左右平開；右腿微屈。目視右勾手，面向西南（圖1-45）。

每一動作結束，均須再次調整身形。強調上身虛靈，下身沉穩，立身須中正安舒，沉肩垂肘，懸頂圓襠。

第六式　第二金剛搗碓

1. 隨著吸氣，兩掌以腕為軸，順時針纏繞一周，並引動兩上臂以肩為軸，順時針擺動化肩；腰、腹先起而後沉，重心向右腿偏移。目視左手，面向東南（圖1-46）。

2. 上動不停。兩掌繼續順時針方向纏繞一周，隨即掌心上翻，兩掌同時從左向右托帶斜捋，左掌在前，高約與口鼻齊平；右掌在頭右後側，略比左掌高；重心略向右移，成低偏馬步。目視左掌，面向東（圖1-47）。

【要領】

以上兩動為化腕、化肩後的上托引化技法，意念猶如托捋引入對方直沖之勢，有欲將其順勢托起向後擲出之意。

圖1-46　　　　　　　　圖1-47

圖 1-48   圖 1-49

3. 隨著呼氣，右腿屈膝下蹲，左腿伸展平鋪成左仆
步；雙掌繼續在以腰帶臂的情況下，順時針畫弧向身體右
後側下擺，右掌心朝右，有向右後側推按之意；左掌附於
右臂、肩內側。目視左前方，面向東（圖 1-48）。

4. 上動不停。重心沿著下圓弧向左腿偏；隨即吸氣提
身，左腿漸屈成左弓馬步；同時，左臂屈肘上掤，橫架於
胸腹前，掌心朝右；右掌心朝下，由後向前抽帶於右腿前
側。目視前方，面向東（圖 1-49）。

【要領】

以上兩動，雙臂要在畫弧中順暢圓活。屈身下勢，須
胸、腹含合，身雖向下，意念卻要上拔。

5. 上動不停。隨著吸氣，右腿緩緩抽回提起，側靠於
左腿內側；同時，右掌向前撩出，掌心朝前。目視前方，
面向東（圖 1-50）。

圖 1-50　　　　　　　　　　圖 1-51

【要領】

右腿抽回上提，要意念如
趟泥涉水。左掌前撩如逆水推
舟，勁由內轉。

6. 上動不停。右掌變拳，
向上提至與胸同高；左掌順纏
絲，翻腕成掌心朝上，置於腹
前，兩手成對開之勢。目視右
拳，面向東（圖 1-51）。

7. 隨著呼氣，右腳鬆沉下
震，隨即兩腿屈膝下蹲成低馬

圖 1-52

步；同時，右拳以拳背向下，砸於左掌心內，兩臂合抱成
環狀。目視前方（圖 1-52）。

【要領】

呼氣、震腳、砸拳要三合為一體，形成整勁。然後周

身放鬆，立身中正，不偏不倚，兩臂有向外撐擴之意，頂勁虛領，提肛圓襠。此為一小節中的調整姿勢，可作為樁功單練。整個動作過程，雙臂纏繞，應先從兩手化腕開始，然後肘、肩引化後，再提腿震腳，動作速度不求快而求內勁不斷。

圖 1-53

第七式　白鶴亮翅

1. 右拳變掌，掌心朝上，從腹前向左上方由快漸慢順時針畫弧向上穿出；左掌順勢沿右臂外側攔撥右肘。目視右掌，面向東（圖 1-53）。

【要領】

重在意念右掌穿擊對方上部，左掌攔撥開對方封肘之手。

2. 上動不停。隨著吸氣，雙臂同時順時針纏繞；左掌由右向左上方攔撥於頭前，掌心朝右；右掌由右向左肘下斜推，掌心朝

圖 1-54

左；同時，右腿輕輕提起，收於左腿內側；左腿仍保持屈膝下蹲。目視右前方，面向東（圖 1-54）。

【要領】

雙臂纏繞時，須吸氣含胸，縮身下蹲。神似捕鼠之

圖 1-55　　　　　　　　　　　　圖 1-56

貓，意念如閃身引化並攔撥對方進攻之手，乘勢進步。

3. 上動不停。兩掌繼續沿順時針方向畫弧，兩腕在胸前相搭，左掌在上，右掌在下；同時，右腳以腳跟內側觸地，向右前方鏟地而出，成右仆步。目視右前方，面向東（圖 1-55）。

【要領】

該動作須含胸扣肩，意在蓄勁待發。

4. 上動不停。重心右移；右腿漸屈成弓步；左腿漸漸蹬直；同時，腰向左旋，右手向左肩側推掌，右肩向右側斜靠，與推掌形成對開之勢。目視左側（圖 1-56）。

【要領】

肩靠掌推，均須勁由內轉，外形不可明顯。

5. 隨著呼氣，右腿稍向上蹬起；左腳沿地面輕輕提回於右腿內側，並以前腳掌內側虛點地；同時，右掌以腕為軸，逆時針在左肩外側畫弧截攔，隨之腰向右旋，右臂隨

圖 1-57

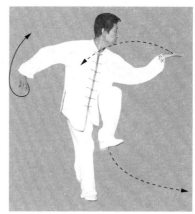

圖 1-58

腰旋轉向右上方，撩起於頭右前方；左掌由右向左下側截按於左胯側，兩手動作由快漸緩。目視前方，面向東（圖1-57）。

【要領】

左臂上撩，須有滾動如球的感覺。意念右肩、右肘，至右拳，依次靠擊撩撥。兩手上下左右形成對撐之勢，遙相呼應。速度由快漸緩，雙手在落點處似停非停，欲動而未動。整個動作充分體現出含合蓄勁、順勢引化、展臂而發的技擊特點。

第八式　斜行拗步

1. 右腳向左撤步震腳，左腿隨即屈膝上提成右獨立步，左腳尖應向上翹起；同時，左掌順纏絲向前上托，掌心朝上，高與肩齊平；右掌逆纏絲，甩臂後撩至身右後側。目視前方（圖1-58）。

圖 1-59　　　　　　　　　　圖 1-60

【要領】

　　兩掌前後對開，周身蓄勁，含胸坐胯，氣斂神聚，神如搏兔之鷹。

　　2. 隨著吸氣，右腿屈膝下蹲；左腳以腳跟內側沿地面向左前方鏟地而出，逐漸鋪平成左仆步；同時，左臂屈肘，往胸前裹合，左掌截攔於右肩內側，掌心朝內；右掌屈臂向右上方撩起，掌心朝前。目視前方（圖 1-59）。

　　3. 上動不停。左掌變勾手，由身前下方向左上方提撩至頭左側；右掌向前推按；同時，重心向前移，左腿漸漸屈膝成左弓馬步。目視右手，面向東（圖 1-60）。

　　4. 上動不停。重心再次向右腿偏移，並屈膝下蹲成左低仆步；左臂順勢屈肘，向胸前螺旋纏繞下壓；右臂屈肘扣肩，右掌順時針裹壓於右耳側。目視前方，面向東（圖 1-61）。

精編陳式太極拳拳劍刀

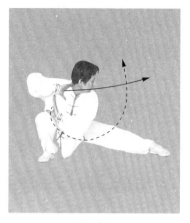

圖 1-61

圖 1-62

【要領】

這是左右幾種纏絲手法，所以在練習中須結合含胸束膀，兩臂纏繞裏壓，與胸勁相合，意念擒拿對方手臂。

5. 上動不停。重心再次偏移左腿，左腿屈膝下蹲成左弓馬步；右腿漸漸蹬直；同時，左掌變勾手，經左膝前摟提，再向左方上提，停於頭左上側；右掌經右耳側順纏絲向前

圖 1-63

推出。目視正前方，面向東（圖1-62）。

6. 右掌以腕為軸順纏絲，在左胸前側逆時針畫弧，並隨即由腰帶臂，向右捋手；重心稍向右移成右偏馬步。目視左手，面向東南（圖1-63）。

圖1-64　　　　　　　　圖1-65

7. 上動不停。腰向右旋；右掌繼續經胸前向右側捋帶；同時重心再次移向左腿成左偏低馬步。目視右手，面向西南（圖1-64）。

8. 隨著呼氣，腰向左旋並下沉，周身放鬆；兩臂左右兩側分展，兩掌以腕為軸，順纏絲畫弧，坐腕沉肩。目視左前方，面向南（圖1-65）。

【要領】

整個動作胸、腹幾次折疊迂迴，兩臂纏繞攔拿，均須以意念引導，勁由內換，動作外視虛靈，內須堅強。速度快中漸緩，忽而又快，全由意念擒拿對方作用來定。最後仍須調整身形，周身放鬆，頭懸項直，背正襠圓，下肢穩紮，外柔內剛，形鬆意緊。此式可作為樁功單練。

第九式　提　收

1. 身略左轉；兩臂由左右兩側向下沉落，兩掌順纏絲

<table>
<tr><td>圖 1-66</td><td>圖 1-67</td></tr>
</table>

圖 1-66　　　　　　　　　　圖 1-67

翻腕，經左膝兩側交叉合摟於膝前；左掌在上，右掌在下，兩掌心均斜向上。目視雙掌，面向東（圖1-66）。

【要領】

兩臂須鬆柔下滑，意念摟托對方肘臂。

2. 隨著吸氣，左掌逆時針，右掌順時針，同時由下向頭上方交叉撩起。目視雙掌，面向東（圖1-67）。

【要領】

意念由下向上、向外橫開對方推按之勁，此時兩臂須有向外撐擴之意。十趾抓地，勁由腳跟起，氣貼背。

3. 隨著呼氣，兩臂繼續沿圓弧向兩側分開下沉於腹前；同時，身向下沉成右偏低馬步；隨之，兩肘相合內裹，兩手均順纏絲，從腹前提起，與胸同高；左掌在前，掌心朝右；右掌在後，掌心朝左，附於左肘內側。目視前方，面向東（圖1-68）。

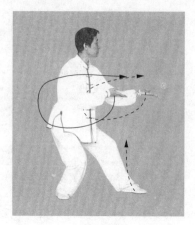

圖 1-68   圖 1-69

【要領】

肘向內合，勁由內換，意念纏繞對方手臂後折疊上托。

4. 隨著吸氣，身體略向上挺起；左腳以前腳掌觸地，沿地面抽回半步；兩腿屈膝下蹲成高虛步；同時，兩手順纏上托，高與胸齊平。目視前方，面向東（圖 1-69）。

【要領】

雙臂纏繞要柔軟、連貫、順暢，下摟上撩動作均不忘兩臂有橫開之勁。意在提收引進，橫截化打。

5. 隨著吸氣，左腿屈膝提起，腳尖上翹；右腿蹬直站直成右獨立步。同時，兩拳逆纏絲翻腕下按後，再同時由下向後畫弧，再向正前方推出，力達掌根。目視前方，面向東（圖 1-70）。

【要領】

屈膝上提，應意在雙膝頂撞對方，與下按雙掌形成上下相合之勢。動作由慢漸快，在落點處發勁。

圖 1-70

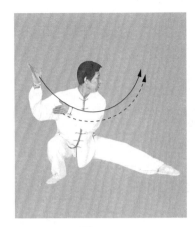

圖 1-71

第十式　前蹚拗步

1. 隨著呼氣，右腿屈膝下蹲，左腳跟內側觸地，沿地面向左前方鏟地而出成左仆步；同時，雙掌由下向右側捋帶，隨之上撩；右掌屈肘上撩至頭右側；左掌至右肩側。目視前方，面向東（圖 1-71）。

【要領】

雙臂下捋，動作應由快漸慢，與伸展左腿形成對開之勢。

圖 1-72

2. 上動不停。右腿漸蹬直，左腿漸屈成左弓步；同時，右手搭在左腕處，合力由後向前擠出；左掌心朝內，右掌心朝外，與胸同高。目視前方，面向東（圖 1-72）。

圖 1-73　　　　　　　　　　圖 1-74

　　3.上動不停。右手以腕為
軸，順時針纏繞一小周；同
時，右腳沿地面輕輕提收至
左腿內側，前腳掌虛點地，
雙腿屈膝下蹲。目視前方，
面向東（圖 1-73）。

　　4.上動不停。腰向左旋；
右腳順勢以腳跟內側沿地面
鏟地而出；同時右掌順纏，
向左肩側斜推。目視右手，
面向北（圖 1-74）。

圖 1-75

　　5.上動不停。右手在左肩外側以腕為軸，逆時針纏繞
截拿，隨即雙臂同時向兩側分開，展臂推按而出，兩腕下
塌，兩掌心均斜向下；雙腿屈膝下蹲成左偏低馬步。目視
右前方，面向東（圖 1-75）。

圖 1-76　　　　　　　　　圖 1-77

【要領】

此動起落縱橫、進退反側，全在身法之助。身體屈膝下蹲，邁步前行，與兩臂完成挀、擠、折疊，最後大展雙臂，又須顧及左右，既要靈巧轉變，又須八面照應。最後定勢仍是一樁功，須全身放鬆，意靜神斂。

第十一式　掩手肱捶

1. 右手以腕為軸，順時針纏繞一小周；並隨著重心略向右偏移，左腿漸漸蹬直，右腿漸屈膝成右弓步的同時，右肘向右上方以外側頂靠。目視右前方，面向東（圖 1-76）。

2. 上動不停。右前臂以肘為軸，在腰帶動上臂的情況下，肩與肘同時順時針纏繞一周後，右掌心朝上，撩至與肩同高；同時重心向左腿偏移成左偏低馬步。目視右掌，面向東（圖 1-77）。

【要領】

腕與肘的纏繞是意念化腕、化肘、化肩技法的實施，以引化對方推按之勢，應在以腰帶臂的作用下進行。肘靠時外形不必顯露，以意到勁到為上。

3.上動不停。右手以小指開始，逐節回捲成拳；同時，左掌向頭前截攔。目視前方，面向東（圖1-78）。

圖1-78

4.上動不停。隨著呼氣，左掌附於右前臂外側；右臂內旋，右拳隨臂內旋，由上往下直臂栽捶，拳心朝裡；同時，重心偏移右腿，右腿屈膝成弓步，左腿蹬直。目視右拳，面向東北（圖1-79、圖1-79附

圖1-79

圖1-79附圖

圖）。

【要領】

要意念右臂以反纏絲法來化脫對方擒拿手法。同時要
蓄勁待發。

5. 隨著吸氣，腰向右旋，重心同時向左腿偏移；隨
即，右腿屈膝上提成左獨立步；同時，右前臂外旋，拳心
朝外；左手仍附於右臂內側。目視前方，面向東南（圖1-
80）。

【要領】

含胸束膀，蓄勁待發。

6. 隨著呼氣，右腿落地震腳，並屈膝下蹲；隨即，左
腳以腳跟內側沿地面向左前方鏟出成左仆步；同時，雙臂
順纏絲向胸前合抱，兩拳心朝上，與胸、腹同高，左拳在
上，右拳在下。目視前方，面向東南（圖1-81）。

圖1-80　　　　　　　圖1-81

圖1-82　　　　　　　　　　圖1-83

【要領】

含胸收腹、束膀、纏臂，使氣貼背。兩臂順纏內含，意念要引化開對方控制自己肩和肘等部位的手。

7. 上動不停。隨著吸氣，兩臂同步對稱纏繞，分別經由腰兩側向身後旋繞展開，左拳變掌，兩手心朝上；兩腿屈膝成低馬步。目視前方，面向東南（圖1-82）。

8. 上動不停。雙臂繼續纏繞後收回身前，隨即向胸前屈肘合抱；左掌手心朝下成陰八字手，在前與胸同高；右手握拳，置於右腰側。目視前方，面向東南（圖1-83）。

【要領】

以上二動要求十趾抓地，膝向裡扣，氣貼背，提肛圓襠，含胸收腹，意念左手肘牽引化開對方手臂，蓄勁待發。

9. 隨著呼氣，右拳向左前方彈抖發出，力達拳面；同

精編陳式太極拳拳劍刀

圖 1-84　　　　　　　　　　圖 1-85

時，左陰八字手向左腰側捋帶，左肘向後撞擊，與右拳形成對開之勢。目視右拳，面向東南（圖 1-84）。

【要領】

右沖拳時勁由腳跟起，由腰催動，經右臂自然順暢地抖發而出，然後肩肘即刻放鬆，意念勁力直達數尺以外。

整個「掩手肱捶」動作須充分表現出「擎、引、鬆、放」四字。要做到手腳相隨，身法不亂，意、氣、勁相合成渾然一體。意念雙臂纏繞擎引對方時要輕柔靈巧，神聚氣斂。抖發時要全身鬆沉，專注一方。收斂時全身柔軟似無骨，抖發時猛烈開放似火藥。發拳似電閃雷鳴，不及掩耳合眸。

第十二式　披身捶

1. 右拳變掌，並以腕為軸，順時針纏繞一小周，成掌心朝上托起。目視右掌（圖 1-85）。

圖 1-86

圖 1-87

【要領】

以腰帶動右臂，並由臂旋帶動手部纏絲，形成自下而上的纏絲運動，意念纏拿對方手臂。

2.隨著吸氣，重心左移，右腿輕輕提起，落步於身前，腳前掌虛著地；左腿微屈下蹲成右虛步；同時，右掌順纏絲，逆時針上撩於胸腹前，速度由快漸慢，掌心朝外；左掌順時針畫弧，附於右肘內側，掌心朝下。目視右手，面向南（圖1-86）。

【要領】

手分三節：指、掌、腕；腕為根節，掌為中節，指為梢節。要以指領勁，腕節催動，即「梢節領、根節催」，方為撩掌。

3.兩臂以腰帶動，以肩為軸，順時針畫弧，使右掌由下經左側向右上方撩起，掌心斜向上；左掌由下向左上托，掌心朝上；同時，右腳收回，提靠於左腿內側；左腿

精編陳式太極拳拳劍刀

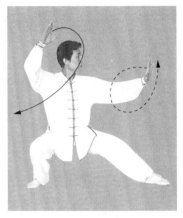

圖 1-88

圖 1-89

屈膝略下蹲。目視左前方，面向東（圖1-87）。

4.上動不停。隨著呼氣，右腳向右側跨出一步，兩腿屈膝下蹲成右偏馬步；同時，兩臂繼續沿順時針立圓在胸前交叉畫弧一周後、右臂上挑架於頭右上側，掌心朝左；左掌向左側斜推，掌心朝左，兩手形成對開之勢。目視左前方（圖1-88）。

【要領】

兩掌對開，其內勁如撕棉拉弓，速度由快漸慢，邁步要輕、如履薄冰。

5.隨著吸氣，右臂逆時針畫弧，右手握拳，經右肋內側向身後截撥；左手握拳，經左肋內側順時針畫弧，上挑於頭左側；重心略向左偏移。目視右拳，面向西南（圖1-89）。

【要領】

意念引化撩撥對方進攻之手。

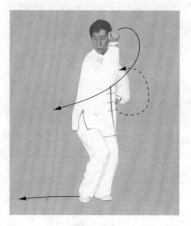

圖1-90

圖1-91

6.上動不停。右臂繼續逆時針畫弧，右拳順纏絲，挎肘裡合截攔於頭左側；左拳繼續順時針畫弧，停於左腰側；同時，右腳提回，側靠於左腿內側，腳前掌虛著地。目視右側（圖1-90）。

【要領】

兩臂纏繞，始終以腰帶動全身來完成，其步法閃展騰挪之狀，應如龍走蛇行，意念閃空對方進攻，勁力在曲中求直，蓄而待發。

7.隨著呼氣，身體快速下沉；右腳向右側橫跨一步，兩腿屈膝下蹲成左偏馬步；同時，右拳逆纏絲，順勢從右腰側向後斜撥；左拳協調動作，橫攔於胸前。目視右拳，面向西（圖1-91）。

8.上動不停。左拳收抵於左腰側，拳心朝下；右前臂外旋，右拳順纏絲，向右前方斜托抖擊，力達拳外沿，右拳心朝上。目視右拳，面向西南（圖1-92）。

精編陳式太極拳拳劍刀

圖 1-92 　　　　　　　圖 1-93

【要領】

雙臂協調纏繞，其身法進退反側，抑揚伸縮，全以步法周旋，邁步如履薄冰，運動如撕棉，運行往來氣貼背，蓄而後發，呼氣與發拳合為整勁。

第十三式　背折靠

1. 隨著吸氣，右拳以腕為軸，順時針纏繞一周後，前臂外旋上舉，挎肘向左側斜格，右拳置於頭左側；同時，重心左移，左腿屈膝成左弓步；右腿蹬直。目視右側（圖1-93）。

2. 隨著呼氣，重心向下、向右偏移；同時，以腰帶動右臂，屈肘向右上側抖擊，力達肘尖及右肩，右拳逆纏絲，置於頭右側，拳心朝外；左拳抵於左腰間，拳心朝下；右腿屈膝成弓步，左腿蹬直。目視左前方，面向東南（圖1-94）。

圖 1-94

圖 1-95

【要領】

意念靠擊對方，勁整力足，彈抖而出。要求發勁有根，發時鬆肩活肘，腰旋胯擺，意在發前。

第十四式　青龍出水

1.隨著吸氣，重心左移；左腳屈膝下蹲；右腿蹬直成右仆步；右臂屈肘外旋，由右經前面向右後側掛肘，右拳置於腹前，拳心朝裡；左臂屈肘外旋，由左上方向胸前截壓，左拳置於面前，拳心朝裡。目視右前方，面向西南（圖 1-95）。

【要領】

掛肘要力達肘後側，意念截攔對方手臂，或向後撞擊對方。

2.上動不停。左臂屈肘下截於胸、腹前，拳心朝下；右臂屈肘，右拳由腰右後側向右上方逆時針畫弧上抄拳，

圖1-96　　　　　　　　圖1-97

拳心朝裡，高不過頭，然後再拐肘外旋，力達前臂。目視右前方，面向西南（圖1-96）。

【要領】

意念截攔對方手臂。

3. 上動不停。隨著呼氣，右拳由左上方向左下截攔，拳變掌置於左腋下；左拳變成陰八字手，以食指領勁，手背朝前、向右側彈抖擊出，力達左手背；同時，右腿成低仆步。目視左手，面向西南（圖1-97）。

4. 上動不停。重心向右腿偏移；兩腿屈膝下蹲成低馬步；右掌屈指，掌心朝下，以掌外沿向右膝前鏟出，力達掌外沿；左手以陰八字抽回左腰側，左肘向左後側撞擊，與右手形成對開之勢。目視右手，面向西南（圖1-98）。

【要領】

兩臂屈肘輪番滾動後掛，要以腰部旋轉帶動完成。左手彈抖、右手橫撐鏟擊時，兩臂要有向外撐擴之勁。勁力

圖 1-98　　　　　　　　　圖 1-99

蓄於周身而發於手梢。

第十五式　斬　手

1. 隨著吸氣，右腿微提，使右腳尖外擺後，全腳掌踏地，兩腿仍屈膝下蹲成左偏馬步；同時，右手掌心朝上，以掌背下拍於右膝前。目視右手，面向西南（圖 1-99）。

2. 隨著呼氣，身體右轉；左腿提起，靠近右腿內側落地震腳，兩腿屈膝併步下蹲；同時，左掌順時針由左上方向下切於右掌外側，掌外沿朝下。目視左手，面向西北（圖 1-100）。

【要領】

呼氣下震時，須手腳協調。手切與腳震及屈膝下蹲要渾然一體，同時完成。動作乾脆俐落，右掌須在左下切掌時有上提之意，意念由震切來掙脫對方擒拿之手。震畢全身即刻放鬆。

圖 1-100   圖 1-101

第十六式 翻花舞袖

1. 左腳向左側橫跨一步；同時，兩掌以臂帶動，以腕為軸，順時針翻腕下拍，掌心朝下；身體重心下沉，兩腿屈膝下蹲成馬步。目視右上方，面向北（圖 1-101）。

2. 上動不停。隨著吸氣，身體向上躍起，右腳先起，左腳後起；兩臂同時逆時針向右

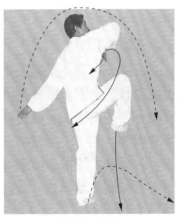

圖 1-102

上方掄臂，並帶動身體向空中躍起，轉體180°；隨著呼氣落地，兩腿屈膝下蹲成右偏低馬步；左掌順勢下劈於身前，力達掌心，掌心朝下，高與肩齊平；右掌順勢拍按於腹前，掌心朝下。目視前方，面向東（圖 1-102、圖 1-

圖 1-103　　　　　　　　　圖 1-104

103）。

【要領】

切掌下坐身，是欲上先向下，為空中躍起蓄勁，同時也意念有閃空對方推按進攻的作用。掄臂空中躍起，空中變勢，要輕靈敏捷，飄逸舒展，如燕子穿林、鷂子翻身。落地劈掌，要求力達掌心。定勢要求沉肩垂肘，突掌塌腕，兩掌前撐後按，頭懸背拔，八面支撐，提肛圓襠，實際上是一個低姿勢的「三體式」樁步。可抽出來單練，以增加功力。

第十七式　雙推手

1. 隨著吸氣，左腳向左側稍跨半步；同時，以腰帶動雙臂畫弧，左掌順纏，掌心斜向上；右掌逆纏，掌心斜向後，合力向右後方将帶；兩腿屈膝下蹲，身向前撲，成左弓馬步。目視左前方（圖 1-104）。

精編陳式太極拳拳劍刀

圖 1-105 圖 1-106

【要領】

意念托挌引化對方手臂，順勢進步跟身，欲推之。

2.上動不停。右腳順勢向右前方上步，隨即重心偏移右腿；兩掌隨腰、臂帶動，掌心朝上，向左側托送至左肩側。目視前方（圖 1-105）。

3.上動不停。隨著呼氣，左掌逆纏絲，右掌順纏絲，兩掌心朝前，兩虎口相對，合力向前推擠，高與胸齊平；左腳順勢跟進半步，靠於右腿內側，以前腳掌虛點地。目視前方（圖 1-106）。

【要領】

「雙推手」動作形於手而運動在步，勁由內換，氣聚於腕，主宰於腰；腰不進則氣不實，步不進則意全無。在緩緩平移的推手中，推左必進右，推右必進左，周身上下要協調統一，向前推手猶如推水上浮船，其勁不斷。

第二段

第十八式 三換掌

1. 右臂外旋,使掌心朝上,向左胸側抽回;左手掌心下翻,交叉穿插於右前臂上側;同時,兩腿屈膝併步下蹲,重心偏於右腿,左虛右實。目視雙手,面向東(圖1-107)。

【要領】

意念雙手由引化手法轉而變成纏絲擒拿的手法,此動又名「相子抱瓶」。故左肘還應有向前探壓之勁。

2. 上動不停。左掌以掌外沿朝前,掌心朝下,向前直臂橫推切掌;同時,右手掌心朝上、向右腰側回捋,與左手形成對拉之勢。目視左手(圖1-108)。

3. 重心向左腿偏移,兩腿左實右虛;同時,右臂內

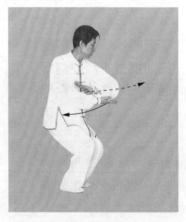
圖1-107

圖1-108

旋，右掌心朝下，掌外沿朝前，向前橫推切掌；左臂外旋，左掌心朝上，抽回至左腰側。目視右掌（圖 1-109）。

4. 如此反覆推掌三次。

【要領】

兩腿隨推掌左右虛實交替。左右掌前推後抽，均由腰帶臂，形成對拉之勢。其勁由內換，如撕棉拉弓，不可鬆散。三換掌要連貫順達，在螺旋中走開合，開即是合，合即是開，在交替往復中體會折疊手法。

第十九式　肘底看捶

1. 隨著吸氣，兩手順時針在胸前畫弧，右掌由左向上，屈肘上架於頭前；左掌向左下截攔於腹前；兩腿屈膝併步下蹲。目視前方（圖 1-110）。

上動不停。兩臂繼續沿順時針立圓在胸前纏繞，左手

圖 1-109

圖 1-110

圖1-111 圖1-112

可掌可拳，向右前方截攔，手心朝右，略高於肩；右手握
拳，向左肘下側斜擊，拳心朝左。目視前方（圖1-111）。

【要領】

意念截攔對方進攻之右肘、臂，並襲擊對方右脅下。
兩臂纏繞須協調統一，速度均勻，同時保持身正腰活。雖
為手動，周身須活。

第二十式　倒捲肱

1. 左腳稍提離地面；同時，左拳變掌，以掌心朝下橫
攔於胸前；右拳變掌順纏絲，掌心朝上，經左掌背斜向上
穿出。目視前方（圖1-112）。

【要領】

重點意念以左手截攔對方進攻之手，右掌順勢上穿襲
擊對方上部。穿掌與提腿要協調一致。後演化為「退步穿
掌」。

圖 1-113 　　　　　　　　　　圖 1-114

2. 隨著呼氣，腰向左旋，重心右移；左腳跟內側觸
地，沿地面隨轉體向左後方蹉地而出；右腿屈膝成弓步，
左腿微屈；同時，右掌逆纏絲，向右前方推按，掌心朝
前，高與肩平；左掌逆纏絲，向左下側捋按，掌心朝下，
高與胯齊，雙手形成對開之勢。目視左手，面向西北（圖
1-113）。

【要領】

雙掌對開，速度應由慢漸快，在落點處停頓，手到腳
到，要合二為一。

3. 隨著吸氣，腰向右旋，重心左移；兩腿屈膝下蹲成
左弓馬步；同時，右掌順纏絲上翻，掌心朝上，高與肩
齊，肘微屈；左掌順纏絲，以前臂屈肘外旋，橫截於左肩
前，掌心斜向後。目視前方，面向東（圖 1-114）。

【要領】

左臂纏繞須意念擒拿對方手臂，右掌斜上托，兩掌形

成相合之勢。

4. 重心左移，腰向右旋；右腳以前腳掌觸地，沿地面擦地抽回於左腳內側，隨即以腳跟內側觸地向右後方蹉地而出；左腿屈膝成弓步，右腿略屈；同時，左掌由左肩前經右掌背上方向前推按，掌心斜向前；右掌經右腰側向右下側捋按，掌心朝下。目視右掌，面向西南（圖1-115）。

5. 如此左右反覆兩次（圖1-116、圖1-117）。

【要領】

此動須做到內外三合對應，即手與腳合、肘與膝合、肩與胯合的外三合，以及神與意合、氣與力合、筋與骨合的

圖1-115

圖1-116

圖1-117

精編陳式太極拳拳劍刀

內三合。手隨步出，步隨身轉，進退反側，顧盼自如。行步如趟泥涉水，用勁如撕棉。在退步中要有纏絲，在開合中要走螺旋，在沉穩中須有起伏，在鬆柔中須有力度。要做到舒展流暢，沉穩灑脫。

第二十一式　退步壓肘

1. 隨著吸氣，腰向右旋，重心向左腿偏移；左手由腰帶動，由左後方向右前方截攔，掌心朝右；右手由腰帶動，由前向左腰側截攔；兩腿保持低馬步。目隨手移（圖1-118）。

【要領】

含胸束膀，以腰帶臂，意念引化纏拿對方手臂。

2. 上動不停。左手繼續向胸前截攔，手心漸朝上；同時隨著呼氣，右臂屈肘，由上方向左下方切壓，力達肘部，肘尖朝前。目視右肘（圖1-119）。

圖1-118

圖1-119

圖 1-120　　　　　　　圖 1-121

【要領】

左手截攔與右肘切壓須形成合力。意念以纏絲壓肘法
擒拿對方手臂。

3. 隨著吸氣，右手由胸前向前展臂，沿平圓向右後側
畫弧平捋，速度由快漸慢。目隨右手移動，面向南（圖 1-
120）。

4. 上動不停。右手順纏絲，前臂外旋，掌心朝上，由
右後側向胸前下方截攔；同時，左臂內旋翻轉，屈肘由左
側向右前上方纏繞裹壓於右肘上側，掌心朝下；身體隨吸
氣上提；右腳前腳掌內側觸地，沿地面抽回於左腿內側。
目視雙手，面向東（圖 1-121）。

5. 上動不停。隨著呼氣，右腳快速向右後側撤步，兩
腿隨之屈膝下蹲成右偏低馬步；同時，右手掌心朝上，向
右後側抽帶；左臂盤肘，以前臂向左前側彈抖滾壓，力達

圖 1-122

圖 1-123

手肘，手心朝下，兩臂形成對開之勢。目視左手，面向東北（圖 1-122）。

【要領】

此動為左右兩個壓肘擒拿手法。手臂屈伸緩疾皆由腰帶；閃、讓、撩、攔全在意使。兩肘輪番挫、揉、捲、壓，其勁應由內換，其形應隨氣動。意在動前，神在動中，意、氣、形協調統一，方可練出抑揚頓挫的神韻。

第二十二式　中　盤

1. 隨著吸氣，雙手向右下方将帶，隨之順勢向右上方托掌，右掌直臂上托於頭上方，掌心朝上；左掌上托於右肩內側，掌心朝上；同時，左腳抽回於右腿內側，隨即右腿屈膝上提，成左獨立步。目視右上方，面向東南（圖 1-123）。

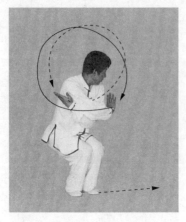

圖 1-124　　　　　　　　　圖 1-125

【要領】

練時意念雙手施用反關節上托來擒拿對方手臂。

2. 隨著呼氣，右腿落地震腳，隨之雙腿屈膝併步下蹲，重心偏移右腿；左腿微提離地面；同時，右手經頭前向左肩截攔，手心朝外。目視左側，面向東北（圖 1-124）。

【要領】

上兩動開中有合，合中離開；合時含胸束膀，開時展臂長身。

3. 上動不停。兩臂以肩為軸，分別掄臂逆時針畫弧一周，仍交叉合抱於胸前，左手心朝上，置於右腋下；右手心朝左，蓋壓於左前臂上側；同時，右腿屈膝全蹲；左腳以腳跟內側觸地，沿地面鏟地而出，平伸成左仆步。目視左前方，面向東北（圖 1-125）。

4. 重心向左腿緩緩移去，漸成左偏馬步；左手經腹前

圖 1-126　　　　　　　　　圖 1-127

向左上側掤起，手心朝內；右手經腹前向右膝前捋按，手
心朝前下方。目視右前方，面向南（圖 1-126）。

【要領】

「中盤」屬樁功之一。要求身正襠圓，頭上懸，肛上
提。左掤右按，意如撕棉；兩臂不失掤勁，一身備五弓。

第二十三式　白蛇吐信

1. 隨著吸氣，以腰帶動右臂，以臂帶動肘與腕，右掌
以腕為軸，在右膝上側順時針旋轉一小周後，順勢向腹前
斜攔。目視右前方，面向東南（圖 1-127）。

2. 上動不停。右臂繼續順纏絲畫弧一周後，向左下側
截攔於腹前，手心朝左；左手由左上方斜向右下截於胸
前，手心朝右，與右手形成相合之勢；同時，右腿屈膝右
腳提收於左腿內側，並以前腳掌虛點地，雙腿併步屈膝下
蹲。目視右前方，面向東（圖 1-128）。

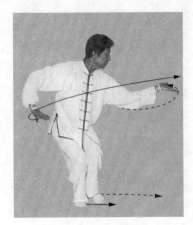

圖 1-128   圖 1-129

【要領】

上兩動須在右臂連綿不斷的纏繞中完成化腕、化肘、化肩的引化動作。兩手相合、含胸收腹，在化中蓄勁，在合中求開。

3. 上動不停。右手逆纏絲，掌心朝下，由腹前經右腰側向後捋帶，高與腰平；左手順纏絲，掌心朝上，由胸前經左側向前托掌，高與肩平；同時，右腳向右前側跨步震腳；左腳隨即跟進，虛靠於右腿內側，左腳微微提離地面，重心在右腿，兩腿屈膝下蹲。目視前方（圖 1-129）。

【要領】

左右手要協調動作，同時完成。進右步要緊跟上左步，右腿尚實，左腿尚虛。進步猶如狸貓捕鼠之狀，輕靈而不失穩健。此動與形意拳「雞形把」練法相同，故其勁力的掌握也相同。

4. 隨著呼氣，左手逆纏絲，掌心朝右下方向右側截按

圖 1-130

圖 1-131

於胸前；右手繼續以腰帶動，順纏絲翻腕，掌心朝上，由右腰側穿出，經左前臂上方向正前方穿掌，力達掌指，高與嘴齊平；同時，左腳隨穿掌向前跨出一步；右腳隨穿掌順勢沿地面跟進半步。目視右手（圖1-130）。

5. 再重複上兩動各一次（圖 1-131、圖 1-132）。

圖 1-132

【要領】

練時要意念左手截按對方手臂，右手上穿襲擊對方。進左步與穿掌要協調一致，穿掌抖發速度快而敏捷，但右手遠不出腳尖。形成上、中、下關節對應，身、手、足規矩約束。形不破體，力不出尖。

圖 1-133

圖 1-134

第二十四式　閃通臂

1.隨著吸氣，腰向右旋；兩手左順右逆纏絲後，隨兩臂以腰帶動，順勢經身前向下逆時針向右畫弧；兩腿屈膝下蹲成偏馬步。目隨手移（圖1-133）。

圖 1-135

2.上動不停。兩臂繼續沿逆時針畫弧，由右側經頭上方向左側挒按；兩腿不動，重心稍向左偏。目隨手移（圖1-134）。

3.上動不停。兩臂繼續沿逆時針畫弧，再次經身前下方向右後側甩臂畫弧；兩腿保持不動，重心稍向右偏；兩掌心斜朝後，右掌與肩同高，左掌撩按於右肘下側。目視

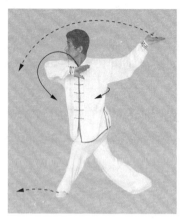

圖 1-136

圖 1-137

左側，面向西南（圖 1-135）。

【要領】

兩臂以腰帶動，以肩為軸，完成了逆時針立圓掄臂一周半的動作。兩腳要十趾抓地，下蹲成「伏虎樁」步，使下盤穩固，上身靈活，速度由快漸慢，其內勁如撕棉扯帆，故又名「順風扯旗」。

4. 隨著呼氣，雙掌在兩臂帶動下，向右下側採挒，並順時針立圓向後掄臂甩起，右掌心朝下，左掌心朝上；同時，右腿隨甩臂向後撤一步，腰微右轉，形成蓋步交叉。目視右前方，面向西（圖 1-136）。

5. 上動不停。身體繼續右轉，帶動雙臂自左上方向右前下方掄臂下劈，力達掌外沿，左掌心斜向前，掌與肩同高；右掌心下按於左肘下側，與腹同高；同時，左腳隨下劈掌向前略邁出半步，隨之兩腿屈膝下蹲成右偏馬步。目視前方，面向西（圖 1-137）。

【要領】

上兩動完成了撤步掄臂下劈掌，其發勁與通臂拳「掄臂掌」完全相同。雙臂應在腰、胯旋轉的甩動下，撤步劈掌。下盤要穩固，上盤應鬆靈，內含「藏肩背摔」的技法。呼氣、劈掌、跨步、蹲身要合而為一，勁整力足。速度由慢漸快，在落點處發勁。最後姿勢為一樁功，可單練。

第二十五式　奪二肱

1. 隨著吸氣，上身微向前移；左掌順纏，右掌逆纏，雙掌協調配合，由前向後纏将，左手屈臂抽回至胸前，右手将至右後側，下肢不動。目視前方，面向西（圖1-138）。

【要領】

雙手回将，其勁如抽絲，速度由快漸慢，目視前方如臨敵手。其意要占先，氣勢要逼人，身要過人，步要進人，做到順勢引化的身法。

2. 上動不停。隨著呼氣，右手握拳，經右腰側向正前方崩拳，力達拳面，拳心朝左；左手協調動作，護於右前臂內側，手心朝右下方；同時，右腳隨崩拳向前進步，於左腳內側併步震

圖1-138

腳，隨之屈膝下蹲。目視前方（圖1-139）。

【要領】

此式源於形意「崩拳」，故勁力的發揮也相同。其拳由心發，以腰發勁，以身帶手。發勁要專注一方，速度如離弦之箭，一拳動，百骸皆隨。

3. 隨著吸氣，右拳順纏絲，前臂外旋，以立肘向胸前截攔；左手護於右前臂內側隨行，兩臂合抱不失掤勁；同時，左腳向前蓋步於右腳前，腳尖外撇。目視前方，面向西（圖1-140）。

4. 上動不停。隨著呼氣，右臂屈肘，以前臂外側向正前方發力橫擠，力達前臂外側；左手護於右前臂內側，以助發力；同時，右腳隨右手向前跨出一步，並屈膝微下屈；左腿隨著發力順勢蹉地前移，兩腿屈膝下蹲成弓馬步。目視前方（圖1-141）。

圖 1-139

圖 1-140

| 圖 1–141 | 圖 1–142 |

5. 以上兩動重複兩次。

【要領】

此動發力與上動類同，要形整勁足，手足相合，右臂不可超過腳尖。兩臂半圓向外撐擴，背向後靠，頭向上頂。實為「三體式」樁功變形。

第二十六式　連珠炮

1. 右拳變掌，雙掌逆纏絲，掌心朝下，略向前撲按，隨著吸氣，兩手又順纏絲，掌心朝上，由前下方向右肩上側屈臂托掌引帶；同時，左腳向右腿前蓋步交叉，腳尖外撇，右腿微屈。目視右前方（圖 1–142）。

2. 上動不停。隨著呼氣，右腳向前快速跨出一步；雙掌逆纏絲下翻，手心朝前下方，從左肩側隨上右步向前發勁推出，力達掌心，掌與胸同高；左腳隨發勁向前蹉步，以助發力，同時兩腿微下蹲。目視前方（圖 1–143）。

精編陳式太極拳拳劍刀

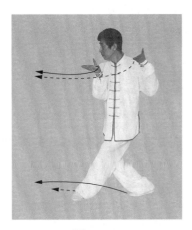

圖 1-143　　　　　　圖 1-144

3. 以上兩動再重複一次
（圖 1-144、圖 1-145）。

【要領】

此動源於形意拳「虎撲
把」，發勁亦相同。呼氣發
勁，吸氣合身，意到氣到勁
到，腳到手到身到，定勢實為
「三體式」椿步，手、肘、肩
與腳、膝、胯三合對應，手不
可超過腳。力到落點後，即刻
放鬆，上下協調，勁整力足，
後腳蹉地有聲。

圖 1-145

第二十七式　擊地捶

1. 雙手握拳，右拳掄臂，由前經身體右側向後方逆時

圖 1-146

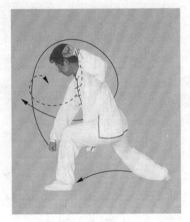

圖 1-147

針撩拳至頭右側；左拳掄臂，經由左後方向上順時針畫
弧，再從頭前橫截拳於胸前，兩拳心均朝裡；同時，左腳
向前邁出一步，兩腿屈膝下蹲成右偏馬步。目視前方，面
向西（圖 1-146）。

2. 上動不停。重心向左腿偏移，右腿稍屈；左拳逆纏
絲，前臂外旋，屈肘上架至頭左側；同時，右拳掄臂，由
右後方經頭側向前下方栽捶，力達掌面；上身微前傾。目
視前下方，面向西（圖 1-147）。

【要領】

此動又名「進步栽捶」。左拳屈肘上架與右栽捶應形
成對開之勢，拳打穴而不打偏，縮身如弓拳似箭。擊地捶
要縮身蓄勁，以穴為的，拳發力達，意念斜向截攔敵手，
進步栽打。

圖 1-148

圖 1-149

第三段

第二十八式　穿心肘

1. 隨著吸氣，右肩鬆沉下塌，右拳以肩為軸，掄臂由下經前上方向後順時針畫弧一周，再由身右側向腹前穿拳；同時，右腳隨右臂向前屈膝併步於左腿內側，前腳掌虛點地；左拳逆纏絲下翻，屈肘橫攔於右前臂上側。目視前下方，面向西（圖 1-148）。

2. 上動不停。隨著呼氣，身向右後轉，右腳順勢向右後撤步，隨即右腿屈膝下蹲成右弓步，左腿蹬直；同時，右臂屈肘，以肘尖向右後側撞擊，力達肘尖，右拳心朝下，停於右胸前；左拳協調動作，向左下側撥拳，左拳與胯同高，拳心朝下。目視右前方，面向東北（圖 1-149）。

圖 1-150　　　　　　　　圖 1-151

【要領】

併步纏繞兩臂，意念截撥敵手。側身打肘要抖發有力，步到肘到。遵循「遠要出拳，近要用肘」的原則。

第二十九式　海底翻花

1. 身向右轉並向前俯；兩拳變掌，兩臂合抱成環狀，使兩腕相搭，左手腕在上，右手腕在下，兩掌心均朝上，以雙掌背向右膝前下擠；同時左腿略屈膝。目視雙手，面向東（圖 1-150）。

2. 上動不停。隨著吸氣，兩臂向左右兩側甩臂上撩；同時，兩腿隨手臂上撩之勢，先右腿、後左腿相繼向空中躍起，然後隨著呼氣沉落；兩手隨著身體下落向前下方劈按，左掌在前，掌心朝下，屈肘橫按於左膝上側，與胸腹同高；右掌心朝裡，屈肘斜按於右腰側。與腰同高；兩腿落地屈膝下蹲右偏馬步。目視前方，面向東南（圖 1-

圖 1-152　　　　　　　　　　圖 1-153

151、圖 1-152）。

【要領】

雙臂交叉，搭腕下擠，須縮身含胸，蓄勁待發，向下須有向上領勁之意。空中躍起要輕靈敏捷如飛燕，在空中仍不可散架，沉穩落地，要上、中、下骨節三合對應。要十趾抓地，提肛圓襠，肩沉肘擴，坐腕突掌，身正脊直，一身備五弓。其定勢實際為「伏虎勢樁功」，可抽出來單練。

3. 左手由左向右在胸前橫截，並抽回至左腰側，掌心朝裡；同時，右掌以八字手由右腰側向左前方發力推掌，力達掌心，食指朝上，掌心朝前，與胸同高。目視右手，面向東南（圖 1-153）。

【要領】

發力推掌，要意達掌前，右手前推，左手後抽，形成對拉之勢。要有推山倒海之勢，又如烈火燒身，驚彈抖

圖 1-154

圖 1-155

擊，全在瞬間，兩臂還須有外撐之意。

4. 左腿直立，右腿屈膝上提，腳尖裡扣成左獨立式；同時，左手握拳順纏絲，向前上方抄拳，拳心向裡，力達拳面，與頭同高；右手握拳順纏絲，翻腕向下砸於右胯外側，力達拳背，拳背朝下，與左拳形成對開之勢。目視前方，面向東（圖 1-154）。

【要領】

提膝砸拳，重在上抄下砸與膝頂，要意念以攻為破的反擒拿手法。上抄下砸要與提腿協調統一，拳到膝到。

第三十式 二起腳

1. 右腳向前落地，身向下沉，重心向右腿移去。目視前方，面向東（圖 1-155）。

2. 上動不停。左腿向空中躍起，有向前蹬之意，隨即落地；同時右腳直腿上踢，腳面繃平；兩拳變掌，兩臂協

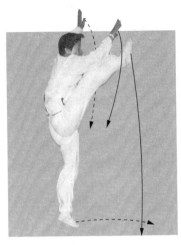

圖 1-156

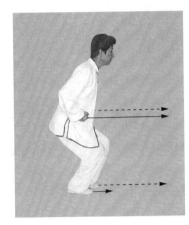

圖 1-157

調躍步二踢腳輪番向後掄臂，以助其勢；隨之右掌迎拍右腳面於頭前。目視右手，面向東（圖 1-156）。

【要領】

「二起腳」意在左蹬右踢，直攻對方胸、面部，意達腳前。整個動作在提氣拔身的情況下於空中完成，起腳應快而敏捷，周身一氣鼓蕩，如龍似虎有飛騰之勢。

第三十一式　雙撞拳

1.上動不停。隨著吸氣，右腳向前落地震腳，重心移向右腿；左腳疾速跟步，向右腿內側併步屈膝下蹲，左腳掌虛點地；同時，雙手握拳，由前向下順勢劈拳後，隨之分別挾於腰兩側，拳心朝上，兩肘尖略向外擴，上身略向前傾。目視前方，面向東（圖 1-157）。

2.隨著呼氣，左腳向前跨出一步，並屈膝成左弓步，右腿微屈；同時，雙拳心相對，向前抖勁撞拳，力達拳

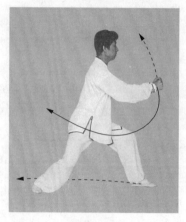

圖 1-158　　　　　　　　　　圖 1-159

面，拳與胸同高，遠不過左腳。目視前方，面向東（圖 1-158）。

【要領】

縮身併步下蹲，其神應如靈貓伏身待將撲鼠，專注一方。三尺以外，七尺以內，全在顧盼之中，有不擊則已、一擊必勝的信念。出拳要凶猛異常，拳自心出，拳隨意發。拳到、腳到、身到。此式源於形意拳「鮐形」左勢及「翻子拳」中的「墊步雙撞」。

第三十二式　撤步護心捶

1. 隨著吸氣，左腳向後撤一步，重心隨之向左腿偏移；同時，右拳向右胯後側逆時針畫弧撩帶；左拳由前向左順時針畫弧至頭左上側。目視前方，面向東（圖 1-159）。

2. 上動不停。左拳繼續順時針畫弧一周，並橫攔拳於

圖 1-160

圖 1-161

頭左上側；右拳繼續逆時針在身右側畫弧一周，並下截拳
於腹前；同時，右腳順勢後撤一步，速度由快漸慢。目視
前方，面向東（圖 1-160）。

3. 上動不停。隨著呼氣，左拳向右下方橫攔截拳於
胸、腹前；右拳由腹前經左前臂上側向前發力蓋拳，並與
前臂合力向外撐擠，力達拳背，兩拳心均朝裡，右拳與口
同高；同時，雙腿屈膝下蹲成右偏馬步。目視前方，面向
東南（圖 1-161）。

【要領】

此動源於形意拳「熊形」，撤步要如熊形虎步般沉穩
而又不失敏捷。在前步做後步、後步變前步的轉化中，要
意念與敵周旋。雙臂要隨步法輪番攔截撩壓，多在自然順
暢中完成。上要兩膊相搏，下要胯、腿相隨。拳向前蓋
打，背向後撐靠，形成對開之勁。

第三十三式　劈架子

1.雙拳變掌，隨著吸氣，左掌由腹前向上、向左撩架，再向右下側逆時針畫弧收於腹右側，掌心朝右；右掌與左掌協調動作，由上向腹前截攔，再經身右側向上逆時針畫弧，攔截掌於左肩外側，掌心斜向下；同時，左腿收回，側靠於右腿內側，前腳掌虛點地，兩腿併步下蹲。目視左前方，面向東南（圖 1-162）。

圖 1-162

2.左掌由右下側掄臂向左上方斜挑，掌心斜向上，高與頭齊，力達虎口；右掌協調動作，抽按於右大腿內側；同時，左腳隨著上挑拳向左前方跨出一步，並屈膝下蹲成右偏馬步。目視左掌，面向東南（圖 1-163）。

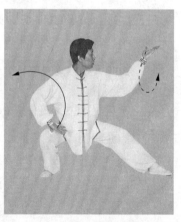

圖 1-163

【要領】

併步下蹲，縮身收臂，速度應由快漸慢。收腿要輕靈敏捷，含而蓄勁，一合皆合。忽然甩臂上挑，驚彈抖擊，要集一身之勁於左掌。

第三十四式　旋風腳

1.隨著吸氣，左掌以腕為軸，在旋臂轉腕帶動下，順時針纏繞一小周，完成化腕、化肘手法，再掌心朝上，托掌於左前側，掌與肩同高；右掌協調動作，順纏絲翻轉，順時針上撩掌於頭右後側，並向後撐按，掌心斜向後。目視左手，面向東（圖1-164）。

圖1-164

【要領】

意念化腕、化肩，引化對方進攻之手。動作應舒展而柔緩，重在內含而不在外。

2.上動不停。隨著吸氣，右腿輕輕提起向左腿前蓋步交叉，隨之兩腿屈膝全蹲成歇步；同時，兩臂以肩為軸，在胸前順時針畫弧打舞花，左掌上托變為向右肩內側截按，掌心朝右；右掌協調左掌動作，

圖1-165

由右上側順纏絲向左下方插掌，掌心朝上，與小腿同高。目視右掌，面向東（圖1-165）。

3.上動不停。右掌繼續順時針畫弧向左肩前挑起，並經頭前斜架於頭右側，掌心斜向上；左掌心朝下，以掌外

圖 1-166

圖 1-167

沿向前下方切掌。目視左
掌，面向東（圖 1-166）。

【要領】

上兩動中，歇步下插掌
速度應由慢漸快，屈臂時應
兩肩鬆開，氣向下沉。在輕
柔婉轉、流水浮雲般緩慢纏
繞的動勢中，尋找內勁的微
妙變化，不可有斷續之處。

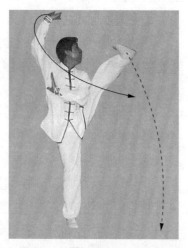

圖 1-168

4. 隨著吸氣，身體站
起；左掌順勢上撩，經頭前
向右肩內側截攔，掌心朝右；右掌經腹前向左側上挑掌，
並屈肘架於頭上側，掌心斜向上。目視前方，面向東（圖
1-167）。

精編陳式太極拳拳劍刀

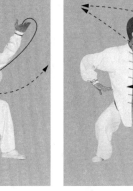

圖 1-169　　　　　　　圖 1-170

5.上動不停。左腿向左前側直擺上踢，力達腳尖，腳尖勾回，高與頭齊。目視左腳（圖 1-168）。

6.上動不停。左腳向左前方落地，並隨之屈膝成左弓步，右腿蹬直；同時，右掌由右側經胸前向左側砍掌，力達掌外沿，掌心朝上，肘下垂，高與肩齊平。目隨手移（圖 1-169）。

【要領】

踢腳、砍掌要連貫順暢，速度由快漸慢。

7.上動不停。右掌順勢逆纏絲下截，再向右腰側捋帶，掌心朝下；左掌由右下側直臂向左前方上托，掌心朝上，高與肩齊平；同時，重心向右偏移，兩腿屈膝下蹲成右偏低馬步。目視左掌，面向東南（圖 1-170）。

【要領】

兩臂纏繞，須由腰帶動。要意念右手抓捋對方右腕，左手斜托對方右側身後，欲將其順勢捋出。

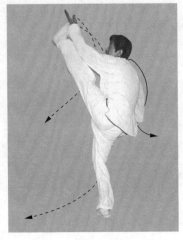
圖 1-171

圖 1-172

8. 上動不停。隨著呼氣，腰向右旋，帶動左掌向右上方斜削；同時，左腿隨左掌向右上方裡合直擺腿於頭左側，力達腳內側，身體順勢向右旋轉 180°。目視左腳，面向西北（圖 1-171）。

9. 上動不停。左腿裡合擺，經胸前順時針畫弧下落，先以腳後跟內側落地，然後沿地面向左側輕輕鑲出，隨後雙腿屈膝下蹲成低馬步；同時，左掌隨左腿同步向下畫弧，在胸、腹前與右掌交叉相合，再同時向左右兩胯外側撐按，力達掌外沿，兩掌心朝下。目視右側，面向東北（圖 1-172）。

【要領】

最後的馬步側按掌要求兩臂半圓向外撐擴，內勁不可丟。整個旋風腳重在腰旋腿轉，起伏曲折，銜接處要輕柔婉轉，以蓄內勁；忽然驚彈抖踢，發勁成功。初練先練開

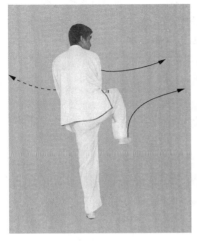

圖 1-173　　　　　　圖 1-173 附圖

合，再求緊湊，要以開展校其形，再以緊湊取其意。

第三十五式　右蹬腳

1.隨著吸氣，雙掌順纏絲，手心朝上向腹前摟回，然後在胸前交叉後逆纏絲，屈肘向上掤架；隨之雙手握拳，兩臂再次交叉於腹前，左前臂在上，右前臂在下，兩拳心朝裡；同時身體直起，右腿屈膝向上提於身右側成左獨立步，腳尖裡扣。目視右側，面向東北（圖 1-173、圖 1-173 附圖）。

2.隨著呼氣，右腿向右側猛力蹬出，力達腳跟；同時，兩拳變掌，配合右腿側蹬，向左右兩側直臂撐掌；上身隨蹬腳同時向左側傾倒。目視右側，面向北（圖 1-174）。

圖 1-174

【要領】

右蹬腳重點在雙臂環繞後的含胸束膀，蓄勁右蹬。要意念雙臂屈肘上架後，縮身收臂，體現「蓄勁如張弓，發勁如放箭」的拳理。纏繞裹撑為收、為合，一收皆收；彈抖蹬踹為放，為開，一開俱開。開中寓合，合中寓開。

第三十六式　纏絲擒打

1. 右腳蹬出後，隨著吸氣，腰向右旋，右腿放鬆，屈膝提回，腳尖外展；雙掌同時從身體兩側往腹前摟合纏拿，右掌在前，掌心朝上，與腹同高；左掌斜按於右肘內側，掌心斜向下，與胸同高。目視右手，面向東（圖1-175）。

【要領】

須意念纏拿對方手臂，右腳欲踹之，單腿獨立。轉身須撑腰順胯，右腿外旋。

精編陳式太極拳拳劍刀

圖 1-175　　　　　　　　　圖 1-176

2. 上動不停。隨著呼氣，左腿屈膝全蹲，右腳順勢向前下方側踹，隨即落地成歇步；同時，右掌向右腰側抽帶，掌心朝上；左掌掌心朝下，掌外沿朝前，隨著右腳下落向前下方推按，力達掌根，雙手形成對開之勢。目視左手，面向東（圖 1-176）。

【要領】

練時要意念擒拿對方手臂，下踹其腿。此兩動源於形意拳「龍形臥勢」。其落腳要輕，推按掌要沉穩準確。

3. 身體站起，左腿快速向前大跨一步並落地震腳，隨之順勢屈膝下蹲成左弓步，右腿蹬直；同時，左臂屈肘上架於頭前上方，掌心朝前；右掌由右腰側隨著上左步順勢向正前方打掌，掌心朝前，力達掌根，掌與胸同高。目視正前方，面向東（圖 1-177）。

【要領】

上步與打掌要同步進行，步到掌到，合成整勁。意念

圖 1-177　　　　　　　　圖 1-178

上架對方來手，直擊對方身軀。

4. 隨著吸氣，腰向右旋，重心順勢向後偏移右腿；右腿屈膝下蹲成右偏馬步；同時，左手順纏絲翻腕，逆時針畫弧上托掌，掌心朝上，與肩同高；右手逆纏絲，前臂內旋，使右掌背沿著胸前翻腕後将於右肩側，掌心朝外。目視左手，面向東南（圖 1-178）。

【要領】

要意念兩手協調，纏繞引化對方進攻手臂並順勢後将。重心後移，是為了讓出迂迴折疊的空間。下肢要穩固堅實，十趾抓地不可虛晃，兩臂全由腰部旋轉引導。

5. 上動不停。右掌由逆纏絲變為順纏絲，握拳經右腰側向前下方栽捶，力達拳面，拳心朝下，與腹同高；同時，左掌由順纏絲變為逆纏絲，屈肘護於右前臂上方，掌心朝前下方，與胸同高；重心同時向左腿偏移，左腿屈膝下蹲成左弓步，右腿蹬直。目視右拳，面向東（圖 1-

精編陳式太極拳拳劍刀

| 圖 1-179 | 圖 1-180 |

179）。

【要領】

「纏絲擒打」，顧名思義，此動作整體反映出兩次纏絲擒拿和兩次引化短打。練時一定要分清勁力的運用，其動作特點總是忽隱忽現，忽快忽慢，「仰之則愈高，俯之則愈深」「遠之愈長，近之愈速」。蹲身下勢要輕如雁落平沙，忽然出手要氣達遠方。練出原始動作的古樸風韻。

第四段

第三十七式　抱頭推山

1. 隨著吸氣，右拳變掌，雙掌以腕為軸，同時由上向下、再向前纏繞一小周，然後兩掌心朝上，共同向上托拊於兩肩上側；同時，重心隨托拊之手向後偏移，右腿微屈。目視前方，面向東（圖 1-180）。

圖 1-181　　　　　　　　圖 1-182

2. 上動不停。雙掌逆纏絲下翻，握拳向前直臂栽捶，兩拳背朝上，力達拳面，與胸同高；同時，重心前移於左腿；右腳隨身體前移而沿地面輕輕提回，併步側靠於左腿內側，雙腿併步下蹲，右腳掌虛點地。目視前方，面向東（圖 1-181）。

【要領】

直臂向前栽捶，兩臂須有向外的撐擴之勁。

3. 雙拳變掌，再次順纏上翻，由胸前翻腕上托掌於兩肩側；同時，身向右後轉體；右腿提起，側靠於左腿內側。目視右側，面向南（圖 1-182）。

【要領】

意念雙掌以托帶之勁，引化對方之手臂。要含胸藏肩，縮身蓄勁，腰旋身轉，輕靈順暢。

4. 上動不停。隨著吸氣，身體右轉；右腳順勢向右後側跨步，右腿屈膝下蹲成右弓步，左腿蹬直；同時，兩掌

　精編陳式太極拳拳劍刀

圖 1-183   圖 1-184

逆纏絲翻腕，掌心朝前，虎口相對，猛力向前推出，身隨
步移，勁由腰發，力達掌心。目視雙手（圖 1-183）。

【要領】

此式整體有兩次引化和兩次推發，均須腰旋背擰，身
轉腿移，雙掌收而欲放，開而又合。轉身引化須不偏不
倚，出步移身要如魚戲水，順暢自然。

第三十八式　前後招

1. 腰向左旋，雙掌以腕為軸，順時針纏繞一周，隨之
向左後側捋帶；同時，身向後撤，右腳前腳掌觸地，隨著
捋帶之勢沿地面抽回半步；兩手心斜向左上方，右手在前
與胸同高，左手在後與肩同高。目視右前方，面向西（圖
1-184）。

【要領】

要意念兩手通過化腕達到刁拿對方手臂的目的，並有

圖 1-185   圖 1-186

向左斜推之意。

2. 上動不停。腰向右旋，帶動兩臂逆時針向右側推靠，右掌在上略高於肩，左掌在下，與胸、腹同高，兩掌心均朝右；同時，右腳向右側斜進半步，左腳跟進併步屈膝下蹲。目視右側，面向西北（圖 1-185）。

3. 腰向左旋，兩臂隨腰帶動，由右側向下經腹前再向左側順時針在胸前畫立圓，向左側發力推擠，力達手部，左掌在上，略高於肩，右掌在下，與胸、腹同高；同時，左腳向左後方斜撤一步，並屈膝微下蹲；右腳隨之以前腳掌觸地，沿地面拖回半步成右虛步。目視左前方，面向西南（圖 1-186）。

【要領】

左右推擠，在旋腰轉膀中完成。兩膀猶如滾球。兩臂要半圓，腋半虛，始終不失掤勁，使兩臂既有推擠之力，又用斜靠之勢。進步進身，手到勁到。

圖 1-187　　　　　　　　　　圖 1-188

第三十九式　雙震腳

1. 隨著吸氣，腰向右旋；兩臂隨腰帶動，右掌逆纏絲，前臂內旋向右側攔捋，並屈肘側架於右肩側，手與肩同高，掌心朝外；左掌順纏絲，前臂外旋，由左上方向前撩托掌，肘微屈，手與胸同高，掌心朝上。目視前方，面向西（圖 1-187）。

【要領】

以腰帶動，意念兩臂捋帶托引對方手臂。

2. 上動不停。右掌由右上側向前撩掌，掌心朝上，肘微屈，掌與胸同高；左掌上撩，再翻掌下按於右肘內側，掌心朝下。目視前方，面向西（圖 1-188）。

3. 左掌順纏絲上翻，然後雙掌在扣肩裹肘的情況下向上微托；同時，輕提右腳稍離地面。目視前方，面向西（圖 1-189）。

【要領】

此三動須神氣收斂入骨，勁由內轉，形於掌指而氣貼背。

4. 隨著呼氣，右腳輕輕落地；雙掌逆纏絲下翻，掌心朝下沉按，右手在前，左手在後，且與胸腹同高；兩腿微屈膝下蹲，左腿尚實，右腿尚虛。目視前方，面向西（圖1-190）。

圖 1-189

【要領】

此式為「三體式」椿步的變形，同樣要求頭頂背直，鬆肩垂肘，塌腰斂胯，雙掌提按有度，勁由內轉。

5. 隨著吸氣上提，兩腳蹬地向空中躍起；雙掌順勢翻成掌心朝上，向上托掌。目視前方，面向西（圖1-191）。

6. 上動不停。身體隨呼氣下落，左右腳依次先後落地；

圖 1-190

全身鬆沉下震；雙掌下翻，以掌心朝下拍按於胸前。目視前方，面向西（圖1-192）。

【要領】

空中躍起不在於多高，但形不可散亂，落地仍保持

圖 1-191

圖 1-192

「三體式」樁步。右手在前
沉肩垂肘有前撐下按之意，
左手稍後，屈肘外撐，有下
按抽帶之意。整個「雙震
腳」要體現出「欲上先下」
原則。皆以意領，而以不顯
形為妙。

第四十式　蹬一根

1.隨著吸氣，腰略向左
旋，重心偏向左腿，兩腿屈

圖 1-193

膝成左半弓半馬步；兩臂隨腰帶動，同時逆時針由前向上
立圓畫弧，左掌屈肘上掤，斜架於頭左側，掌心斜向上；
右掌上撩，經頭前向左胸側截按，掌心朝下。目視前方，
面向西南（圖 1-193）。

【要領】

此動為「打虎式」。要意念閃身引化對方進攻之手，以待進擊。

2.上動不停。雙臂繼續逆時針立圓畫弧，左手握拳，由頭左側經身左下側向腹前撩回，拳心朝上；右手握拳，由腹前向右上方挑拳，再由右上方截攔於胸前，拳心亦朝上；兩手臂在胸前相抱，右臂在上，左臂在下；同時，左腿微屈膝下蹲，右腳微微提離地面並靠於左腿內側。目視右側，面向西南（圖1-194）。

圖1-194

【要領】

提腿後應含胸扣肩，屈腿蹲身，合而蓄勁，以待後發。

圖1-195

3.隨著呼氣，右腳向右側猛力蹬出，與胯同高，力達腳跟；同時，雙拳協調右蹬腳，向左右兩側直臂抖擊，力達拳面；上身略向左側傾倒。目視右前方，面向西南（圖1-195）。

精編陳式太極拳拳劍刀

【要領】

整個動作先引後發，「引到身前勁如蓄」，然後彈抖蹬踹。做得要乾脆俐落，蹬之於腳而活潑在腰，勁從腰出，胯順而腳顯。一屈皆屈，屈要屈得緊。一伸皆伸，伸要伸得開。

第四十一式　玉女穿梭

1. 腰向右旋，隨之右腳向前落地；右拳變掌，順纏絲上翻，掌心朝上托掌，與肩同高，肘微下垂；同時，左拳變掌，順纏絲，掌心朝上，經左腰側向前穿掌於右肘側。目視前方，面向西（圖 1-196）。

【要領】

右掌須內含上托右掛之勁。

2. 上動不停。隨著吸氣，兩腿向前躍步跳出，同時身體

圖 1-196

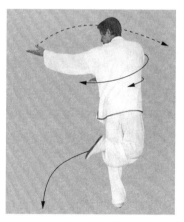

圖 1-197

在空中右轉，左腿先落地；左掌隨身體右轉，順勢從右掌心上方向正前方穿出；右掌協調動作，向胸前捋帶。目視左手，面向西北（圖 1-197）。

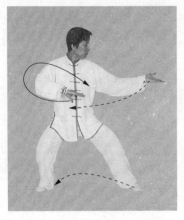

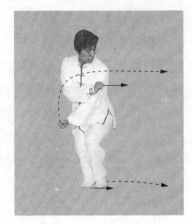

圖 1-198 圖 1-199

【要領】

穿掌須意念直擊對方上部。

3. 上動不停。身體繼續右轉，右腳順勢向前落地，並雙腿屈膝下蹲成右偏馬步；右掌隨身體右轉回抽於胸左側，掌心朝下；左掌隨身體右轉直臂向右前砍掌，掌心朝上，與胸同高。目視左手，面向東南（圖 1-198）。

【要領】

「玉女穿梭」重在「穿」。其身法要體現出閃展騰挪之勢。向空中躍起，轉身變勢，既要做到急流奔放，又要輕靈順暢，一氣呵成。且在落地後要為下一動作創造出擊的條件，不可有斷割之處。「玉女穿梭」整體動作旋轉有270°。

第四十二式　搬攔捶

1. 上動不停。左掌握拳，順勢向右下側劈拳，停於右

精編陳式太極拳拳劍刀

圖 1-200

圖 1-201

胯前側，拳心朝上；右掌握拳，由右側向上、向右截攔於左肘上側，拳心朝下；同時，左腳收回，側靠於右腿內側，前腳掌虛點地，雙腿屈膝併步下蹲。目視左側，面向東南（圖 1-199）。

【要領】

一收皆收，做到「全身柔軟似無骨」，縮身蓄勁待發。

2. 隨著呼氣，左腳向左側橫跨出一步；雙拳隨著左腿橫跨之勢向左側屈肘發力，力達拳肘部位，雙拳心朝上，左拳與肩同高，右拳置於左肘內側；同時，兩腿屈膝下蹲成低馬步，隨發力向左搓地橫移。目視左前方，面向南（圖 1-200）。

3. 右腳向右橫跨半步；同時，兩拳向右側發力橫擊，力達拳肘部位，右拳心朝上，與肩同高；左拳心朝下，置於右肘內側；雙腿屈膝下蹲成低馬步，隨著發力順勢向右搓地橫移。目視右前方，面向南（圖 1-201）。

此動作有左右兩次橫擊發力，須配合呼氣進行。重心的移擺要與發力協調一致，馬步下蹲後整體向左右滑移，且外形不可散。兩臂屈肘下垂，力達拳與肘外沿。

第五段

第四十三式　雲　手

1. 腰微向右旋，左腳收回於右腿內側，前腳掌虛點地，雙腿併步屈膝下蹲，鬆腰斂胯；同時，雙拳變掌，以腕為軸，逆時針畫弧，向身體右後側推按，雙掌心均朝右後側。目視雙掌，面向西南（圖1-202）。

2. 上動不停。左腳向左側橫跨一步；隨之在腰向左旋的同時，左掌掌心朝外逆時針畫弧，由頭前上方向左側掤将至左肩外側；同時，右掌掌心朝外，由下經腹前順時針

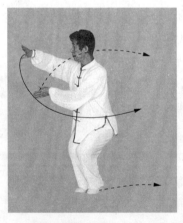

圖1-202　　　　　　圖1-203

立圓畫弧向左側捋擠。目視左側，面向南（圖1-203）。

3. 上動不停。腰微向右旋，右腳向左腿後偷步；雙臂隨腰旋動，使左掌繼續逆時針立圓畫弧，由左上方經腹前向右下方捋帶，掌心朝右；右掌繼續順時針立圓畫弧，由左側向上經頭前向右上方掤捋，掌心朝外。目視左側，面向南（圖1-204）。

4. 上動不停。左腳向左側橫跨一步，腰微向左旋；左掌繼續由右向上經頭前向左掤捋；右掌繼續由右向下經腹前向左側下捋擠。目視左側，面向南（圖1-205）。

5. 如此再重複一次（圖1-206、圖1-207）。

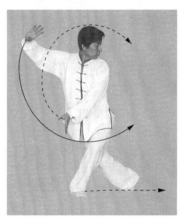

圖 1-204

圖 1-205

圖 1-206

圖 1-207　　　　　　　　　圖 1-208

【要領】

雲手時兩臂勻速畫弧，兩臂半圓，不失掤勁，以掤捋引化對方為意旨，勁由內轉。在偷步左移時，還須意念以左肩、左胯橫擊對方之意。動作時要求身、手、足協調一致，虛實轉換應連貫，手不空起，更不空回，不捋則掤，不擠則按，進步逼身，肩靠胯擊，全在意念中把握，腿須始終屈蹲側行。

第四十四式　高探馬

1. 接上動不停。重心先向左移，隨之右腳沿地面抽回，前腳掌虛點地，雙腿屈膝併步下蹲；同時，兩掌繼續沿各自的立圓畫弧，左掌下攔於腹前，右掌由左手臂上側交叉並向左側按。目視右掌，面向東南（圖 1-208）。

2. 上動不停。右腳向右側斜跨一大步，身向右轉，兩腿屈膝下蹲成左偏馬步；同時，右掌繼續順時針從左側經

| 圖 1-209 | 圖 1-210 |

頭前向右側推擊，掌心朝外，與肩同高；左掌協調動作，向左側撐擴，雙掌形成對開之勢。目視右掌，面向西南（圖1-209）。

3.上動不停。腰微向左旋，重心右移成右偏低馬步；右掌隨腰順勢逆纏絲，屈肘抽回，切掌下按於右肩上側；左掌順纏絲翻腕，掌心朝上，直臂向上托掌並向回引帶。目視左掌，面向東（圖1-210）。

【要領】

右掌須在旋腰轉膀扣肩壓肘、屈肘撑背、纏絲裹壓的作用下切掌下按。

4.上動不停。隨著呼氣，身向右轉；左腳掌虛觸地，沿地面抽回於右腿內側，雙腿併步微屈蹲；同時，右手掌朝正前方推擠，高與肩平；左掌抽回至左腰側，雙掌形成對開之勢，速度由慢漸快。目視前方，面向東（圖1-211、圖1-211附圖）。

圖 1-211　　　　　　　　圖 1-211 附圖

【要領】

左掌抽回與右掌推出要同步進行，要意念左手抓挌對方手臂，右手直取對方上部。其勁如撕棉拉弓，並在落點處要發勁。整個動作總體要求身正、襠圓，外柔內剛，還要顧盼自如，舒展流暢。

第四十五式　左右拍腳

1. 隨著吸氣，左掌向右肘內側穿掌，然後逆纏絲翻腕，左掌心朝下，掌背貼於右前臂內側，與右掌同時由前向腹前捋帶；同時，左腳向右腿前蓋步，腳尖外撇並虛點地。目視前方，面向東（圖 1-212）。

2. 上動不停。雙掌由內向上翻轉，兩前臂內旋並屈肘上提，左掌手心貼附右前臂內側，合力向前掤擠，兩臂撐圓，背向後靠，形成對開之勢。目視前方，面向東（圖 1-213）。

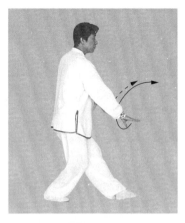

圖 1-212

圖 1-213

3. 左掌向右胸側截攔於右腋下，掌心朝右；右掌由左前臂上側向左下方斜捋，掌心斜向下；同時，雙腿屈膝下蹲成歇步。目視前方，面向東（圖 1-214）。

4. 上動不停。隨著呼氣，腰微左旋，左腿蹬直，身體直立站起；右腿順勢向前直擺上踢，腳面

圖 1-214

繃平，與頭同高；同時，右掌順勢由左下側經左肩外側向上順時針畫弧，迎拍右腳面，力達腳面；左掌協調動作，向後甩臂斜架於頭左側。目視右手，面向東（圖 1-215、圖 1-216）。

圖1-215

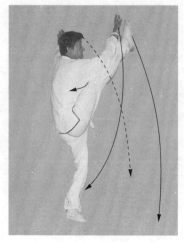

圖1-216

5.上動不停。右腳向前落地，隨之腰向右旋，兩腿屈膝全蹲成歇步；同時，右掌隨右腿下落，向左肩側攔截，掌心朝左；左掌由左上側經右臂上方向後攔撥，掌心朝後，雙臂交叉相抱於胸前。目視左側，面向東（圖1-217）。

圖1-217

6.上動不停。腰微右旋，右腿蹬直，身體直立站起；左腳順勢向前直擺上踢，腳面繃平，與頭同高；同時，左掌順勢向右側經頭前向腳面拍擊，力達腳面；右掌協調動作，向後甩臂斜架於頭右側。目視左手，面向東

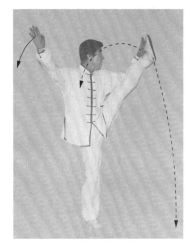

圖 1-218　　　　　　　圖 1-219

（圖 1-218、圖 1-219）。

【要領】

　　該動作核心是正踢腿拍腳。須意念兩臂攔撥開對方手臂，以腳攻之。動作忽高忽低，忽隱忽現，在徐緩柔和的纏繞運行中有突變，在含合中有開放。變換在腿，主宰在腰。腰旋胯隨腿出，拍腳須乾脆有力。

第四十六式　擺腿跌岔

　　1. 接上動不停。左腳向前落地，隨之兩腿屈膝下蹲成右偏馬步；同時，兩臂由腰帶動向右後側順時針捋帶，兩掌心均朝右後方，上身微前傾。目視左前方，面向東（圖 1-220）。

【要領】

　　該動作須意念側身進步，雙手順勢引化對方進攻之

圖 1-220

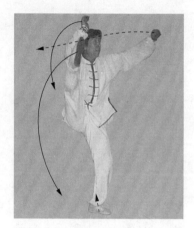

圖 1-221

手，以待進擊。其神似飛騰之龍，其形如撲食之虎。其手中須有挒帶勁，其手臂要有勾掛纏裹勁。

2. 隨著吸氣，左腿蹬直，右腿向左上方快速直腿外擺，力達腳面外側；同時，兩手掌先左後右依次在頭前側拍擊右腳面外側。目視左前方，面向東南（圖 1-221）。

【要領】

拍擊要乾脆有力。

3. 上動不停。右腳向左腿內側落地震腳，左腳即刻提離地面，貼靠於右腿內側，同時併步屈膝下蹲；兩手握拳，兩臂相交於右胸前，兩手腕相搭，左腕在裡，右腕在外，拳心朝裡。目視左下側，面向東南（圖 1-222）。

【要領】

兩臂相合於胸前，須含胸扣肩，意念兩手將欲纏繞刁拿對方手臂。

4. 隨著呼氣，右腿屈膝下坐，並以腿內側觸地；左腳

精編陳式太極拳拳劍刀

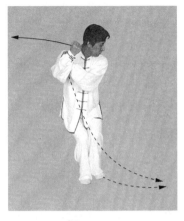

圖 1-222　　　　　　　　　圖 1-223

以腳跟內側觸地，沿地面向前伸展，整條左腿後側及左臀部均平鋪著地，左腳尖上翹；同時，左拳沿左腿上側直臂向前穿出，拳心朝上；右拳向後伸出，拳心朝上，與左拳形成對開之勢。目視左前方，面向東（圖 1-223）。

【要領】

擺腳前，兩臂要舒緩纏綿，體現欲下先上之意，跌岔鋪地身體要有提升之意，沉中有升。

第四十七式　金雞獨立

1. 隨著吸氣，身體向上拔起，重心偏移左腿；右腿收回，附於左腿內側，腳不著地；同時，兩拳變掌，左掌屈肘橫按於胸前，掌心朝下；右掌經由右腰側從左前臂內側向上穿出，掌心朝裡。目視前方，面向東（圖 1-224）。

【要領】

身體上提，須收腹提肛，兩腿內側使勁，螺旋上升。

圖 1-224

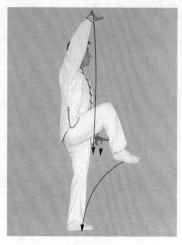

圖 1-225

2. 上動不停。右掌先順纏
後逆纏絲，繼續螺旋向上穿
掌，再直臂上托於頭頂上方，
掌心朝上；左掌逆纏絲，直臂
下按於左胯側，雙手成上下對
拉之勢；同時，右腿繼續屈膝
上提成左獨立步。目視前方，
面向東（圖 1-225）。

3. 隨著呼氣，右腳鬆沉下
震於左腳內側，隨之雙腿微屈
膝併步下蹲；同時，雙手隨呼

圖 1-226

氣下按於左右胯外側，掌心朝下，掌指朝前。目視前方，
面向東（圖 1-226）。

4. 兩掌以腕為軸，以臂帶動，逆時針平圓畫弧一周，

精編陳式太極拳拳劍刀

圖 1-227　　　　　　　　圖 1-228

隨之雙掌同時由右向左上側推按，左手與肩同高，右手稍低，雙掌心朝左前方；同時，右腿向後撤一大步並蹬直，左腿屈膝下蹲成左弓步。目視左前方，面向東北（圖1-227）。

5. 隨著吸氣，重心向後移至右腿，身體直起；右腿微屈，左腳以前腳掌觸地，沿地面抽回至右腳左前側；同時，雙掌逆時針由上向左下方抓捋，右掌心朝裡，屈肘橫攔於胸前；左掌順纏絲，由右前臂內側向上穿出。目視正前方，面向東（圖1-228）。

6. 上動不停。左掌繼續向上，由順纏絲改為逆纏絲，旋臂向上托起於頭上方，掌心朝上；右掌協調動作，逆時針旋臂向下按於右胯側，掌心朝下，左右手形成上下對拉之勢；同時，左腿隨右手上托之際，屈膝上提成右獨立步。目視正前方，面向東（圖1-229）。

圖1-229

圖1-230

【要領】

重心左右移擺，須領起精神，雙掌上托下按，思想上須有支撐八面的氣概。手足協調統一，其根在腿而主宰在腰，氣達掌指，有骨節拔長之威。

第六段

第四十八式　指襠捶

1.隨著呼氣，左腳向右腿內側落地震腳，腰向右旋，兩腿併步屈膝下蹲；同時，雙手握拳，右拳以腕為軸，順纏絲翻腕砸拳於右胯側，拳心朝上；左拳以腕為軸，順纏絲撐臂上鑽拳於頭左側，拳心朝右。目視右側，面向南（圖1-230）。

【要領】

沉氣、震腳與砸拳應同時完成，形成合力，全身鬆沉

圖 1-231 圖 1-232

下振，有以震動之法掙脫開對方擒拿手法的意念，須立身
中正，虛領頂勁。

2. 隨著吸氣，身向右轉；右腳隨轉身向右側斜跨一
步，兩腿微屈膝；同時，右臂屈肘，順勢向後頂肘，拳心
朝裡；左拳順勢由左上側向前下方截攔於胸、腹前，拳心
朝裡。目視前方，面向西（圖 1-231）。

【要領】

兩臂半圓，必須不丟繃勁，在腰旋體轉帶動下來完成
頂肘與截攔的手法。

3. 上動不停。隨著呼氣，左腿向前跨進一步，隨之屈
膝下蹲成左半弓半馬步；同時，右拳由身右後側隨著進步
向前崩拳，拳心朝左，力達拳面，高與腹齊平，遠不超過
左腳；左拳屈肘向後頂撞，力達肘尖，與右拳形成對開之
勢。目視前方，面向西（圖 1-232）。

第一章 精編陳式太極拳 121

圖 1-233　　　　　　　　　圖 1-234

【要領】

「上打咽喉下打陰，中間兩肋並當心」乃出拳要訣。
此式源於形意拳「進步崩拳」。下肢要穩固，出拳要凶
猛，驚炸彈抖。

第四十九式　野馬分鬃

1. 隨著吸氣，重心稍起；雙拳變掌，右掌由身前向上
經頭右側向下畫弧，再從右胯側向前下方穿出，掌心朝
左；左掌由前向頭上側屈肘挑掌上架，掌心朝前。目視前
方，面向西（圖 1-233）。

【要領】

須有雙手上撩對方手臂的意念。

2. 上動不停。左腿屈膝，單腿下蹲，右腿屈膝提起，
腳尖上翹；右前臂外側貼附於右小腿內側，身略前傾。目
視前方，面向西（圖 1-234）。

精編陳式太極拳拳劍刀

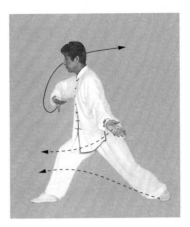

圖 1-235　　　　　　　　圖 1-236

【要領】

　　為下一動遵循「欲上先下，欲下先上」的原則，故右臂須有下沉之意，右腿須含上提之勁；意在縮身蓄勁，蓄而待發。

　　3.隨著呼氣，右腳跟觸地，沿地面向前鏟出一大步，隨之重心前移，雙腿屈膝成右半弓半馬步；同時，右掌心朝上，以手指領勁向正前方展臂托掌，高與眉齊；左掌朝頭左側撐擴，兩掌形成對開之勢。目視右前方，面向西南（圖1-235）。

【要領】

　　右臂微屈肘下垂，意念進步順勢托或斜靠對方。

　　4.隨著吸氣，身向右轉，重心向右腿偏移；右掌由前向左側逆時針屈肘橫截於胸前，掌心朝前下方；左掌順勢由上向下方按於左胯側。目視前方，面向西（圖1-236）。

圖 1-237

圖 1-238

5. 上動不停。右掌逆纏絲翻掌上挑,並将帶刁拿引化於頭右後側,掌心朝後;左掌繼續向前畫弧,順纏絲翻腕,掌心朝前撩掌;同時,左腿隨左掌同步屈膝向前提帶,腳尖上翹;左臂外側貼附於左腿內側,右腿屈膝單腿下蹲。目視前方,面向西(圖1-237)。

6. 上動不停。隨著呼氣,左腳觸地,以腳跟內側沿地面向前鏟出一大步,隨之重心前移;兩腿屈膝下蹲成左半弓半馬步;同時,左掌心朝上,以手指領勁向前上方展臂托掌,與肩同高;右掌朝後下方撐擴,兩手形成對開之勢。目視左手,面向西北(圖1-238)。

【要領】

雙臂依立圓纏繞,轉體掄臂,撩撥托引,全由腰旋臂纏。出腳輕穩如履薄冰;臂纏掌托;似蛇竄龍行。前掌掤挑托送,內勁要似推車移物;後掌斜撐擴按,內勁又如扯布撕棉。呼吸順暢,隨手腳開合而順遂。故體現出內勁以

精編陳式太極拳拳劍刀

圖 1-239　　　　　　圖 1-240

曲蓄方有餘，氣以直養而無害。

第五十式　倒騎麟

1. 隨著吸氣，腰先向右旋，帶動兩臂纏繞，同時逆時針畫弧，左掌順纏絲翻腕，掌心朝上，向下再向右側捋帶；右掌逆纏絲翻腕，掌心朝上，由右腰側經左手下向正前方穿掌，左掌截按於右肘上側。目視右掌，面向西（圖1-239）。

【要領】

雙手後捋時須意念順勢引化對方手臂，外柔順而內剛。

2. 上動不停。隨著呼氣，左掌心朝下，以掌外沿向正前方抹掌，力達掌外沿；同時，右掌心朝上，屈肘抽掌至右腰側；右腿屈膝提起，隨右掌抽回，收至左腿內側，腳尖上翹，左腿屈膝略下蹲。目視左手，面向西（圖1-240）。

圖 1-241

圖 1-242

【要領】

抹掌與抽掌常出現於「八卦掌」中，均須以柔勁運化，落點處準確。

3. 上動不停。左掌橫截下按於胸前，掌心朝下；右掌從左前臂上方向前上方穿出，力達掌指，高與口平，肘向下垂；同時，右腳隨右穿掌向前跨出一步，並屈膝略下蹲；隨即左腳提起跟進，腳掌稍離開地面，屈膝貼附於右腿內側。目視前方，面向西（圖1-241）。

4. 上動不停。隨著吸氣，左腳向右前方斜邁一步，然後身向右轉，重心右移，帶動雙掌纏繞畫弧；右掌逆纏絲，掌心朝下，向右側屈肘捋帶；左掌順纏絲，掌心朝上，向右側托捋。目視左手，面向西北（圖1-242）。

【要領】

意念調步纏拿對方手臂，順勢引化。

5. 上動不停。身體繼續右轉；右腿隨轉身倒步後撤；

精編陳式太極拳拳劍刀

圖 1-243   圖 1-244

兩臂由腰旋轉帶動，右手順勢捋帶至右腰側，掌心朝上；
左掌隨轉身平圓弧直臂削掌，再屈肘截按於右肩內側，掌
心朝前下方。目視右手，面向西南（圖 1-243）。

【要領】

該動作又名「撤步大捋」，故應轉身靈活，勁力順暢。

6.上動不停。隨著呼氣，右掌經左前臂上側向右前方
穿掌上托，掌心朝上，力達掌指，高與肩平；左掌向下截
按於右腋內側，掌心朝前下方，兩掌形成對開之勢；同
時，左腳隨穿掌提腿跟進，並貼附於右腿內側；右腿屈膝
略下蹲。目視右掌，面向西南（圖 1-244）。

【要領】

整個動作包含「側身引帶」「進步穿掌」「撤步大
捋」等手法。故應以意念為主，以身法為要，步法為先。
以意領勁，四肢隨動，「腳起有地，動轉有位」，上下協
調，既要靈敏，又要準確沉穩。

第五十一式　拗鸞肘

右腳向左側橫跨一步；
上身左轉，左腿屈膝半蹲；
右腿挺膝伸直成為左弓步；
右掌隨之握拳，屈肘向左側
斜靠，力達肘尖外側；左掌
迎拍於右肘外側。雙腳隨肘
靠之勢向左側搓地橫移。目
視右肘，面向東（圖1-
245）。

圖1-245

【要領】

須意念被對方捋拿後轉身肘擊，是一種「以打代破」
的方法。肘擊須與落步形成合力，並須配以短促呼氣。

第五十二式　順鸞肘

腰向右旋，上身向右轉；隨之重心右移，右腿屈膝成
右半弓半馬步；右臂屈肘，順勢向右側以肘尖頂擊，力達
肘尖；同時，兩腳隨頂肘之勢向前搓地而行；右拳心朝
下，左掌變拳，左臂半圓向左後撐擴，拳心朝後，與右肘
形成對擊之勢。目視右前方，面向西南（圖1-246）。

【要領】

上動為兩手合而擊之，該式為兩手分而攻之。無論
「合」與「分」，均須意念在「順人之勢，借人之力」的
原則下進行。步要穩，身要整，腳到肘到，再配以短促的
呼氣，以助其力。

圖 1-246　　　　　　　　圖 1-247

第五十三式　翻手炮（高裡炮）

右拳以肘為軸，用拳背向右外側猛力砸拳，力達右拳背，拳心朝上，略高於肩；左拳變掌，由左下側向上經頭前下按於右肘內側，掌心朝下；同時，右腳隨著右拳發力向右側跨進半步；左腳隨之搓地跟進；雙腿仍屈膝成左偏低馬步。目視右前方，面向西南（圖 1-247）。

【要領】

右臂應如緊捲的彈簧，忽然抖發而開，與進步相合，其勁凶猛，如放火炮，無堅不摧。其拳與腳、肘與膝、肩與胯，其骨節上下對應，內外相合。

以上三式均須以短促呼氣相配，發力更顯整足。

第五十四式　轉身六合

1.隨著吸氣，右拳逆纏絲，由右側經胸側直臂向腹前

栽拳，拳心朝右；同時，左掌變拳，逆纏絲直臂向腹前栽拳，拳心朝左；兩前臂於腹前交叉下沉，右臂在外，左臂在內；兩腿屈膝下蹲成低馬步。目視左側，面向東南（圖1-248）。

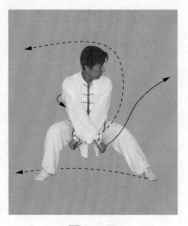

圖1-248

【要領】

雙拳逆纏絲下栽，兩肩須向前合，背向後撐，充分體現纏裹摶合之意。

2. 上動不停。隨著呼氣，身向左後轉180°；左腳隨著轉體，從右腿後側沿地面屈膝滑移，定步後仍保持低馬步；同時，雙拳隨轉體由胸前分開，向左右兩側展臂下砸，拳與肩同高，力達兩拳背，拳心朝上。目視左側，面向西北（圖1-249）。

圖1-249

【要領】

兩臂交叉下沉，意在相合，全身在合中蓄勁。轉身抖發，一開皆開，如鞭甩出，其速度快如迅雷不及掩耳。無論是合是開，均須注意內三合、外三合。形不可鬆散，力不可僵直。向下砸拳時須沉肩垂肘，頂勁上領，十趾抓地，扣膝圓襠。

精編陳式太極拳拳劍刀

第五十五式　左裹鞭炮

右腳向左腳內側跨進半步，落地震腳；同時，左拳順纏絲，前臂外旋，順時針由左外側向下纏繞；右拳逆纏絲，前臂內旋，出身前側向下纏繞；隨之左腿向左側橫開半步，落地震腳，並屈膝成左半弓半馬步；同時，左拳繼續順纏絲，撐臂抖勁上鑽，力達拳面，掌心朝上，略高於肩；右拳繼續撐臂向後鑽拳，拳與腰同高。目視左拳，面向西北（圖1-250）。

圖 1-250

【要領】

隨著呼吸配合，兩臂協調向相反方向纏繞裹合，猶如擰捲衣物。兩次震腳須分前後，意念在纏繞中掙脫擒拿，在震腳中順勢反擊。

圖 1-251

第五十六式　白猿獻果

1.隨著吸氣，重心向右腿偏移；同時，右拳由後經右胯側向前撩拳；左拳向下橫栽。目視前方，面向西（圖1-251）。

圖 1-252　　　　　　　　　　圖 2-253

2. 上動不停。右腿屈膝上提成左獨立步；同時，右拳繼續順時針立圓畫弧，先向身後再經右下方屈肘向上抄拳，力達拳面。拳與嘴同高，拳心朝裡；左拳協調動作，向胸、腹前截攔。目視右拳，面向西（圖1-252）。

【要領】

此乃長拳纏臂「舞花上頂膝」。須意念兩臂纏繞引化，再截攔對方手臂，並以膝上頂其腹，以拳上抄其下頜。右拳上抄與左拳下截形成對開之勢。

第五十七式　鋪地錦（雀地龍）

1. 隨著呼氣，右腳落地，同時震腳，隨之併步屈膝下蹲；右拳隨右腿同時下落，砸拳於右胯側，拳心朝上；左拳隨屈膝上抄拳，與嘴同高，拳心朝裡。目視正前方，面向西（圖1-253）。

精編陳式太極拳拳劍刀

圖 2-254

圖 2-255

【要領】

左抄拳與右砸拳下震腳是解脫對方正面抱摔之法，故須三者合一，勁整力足，一震而開。

2. 隨著緩緩吸氣，腰向左旋；右拳由下經胸前屈肘上掤至右肩側；同時，左拳由上經腹前向左後展臂撩撥。目視左拳，面向東南（圖1-254）。

3. 上動不停。雙拳繼續順時針畫弧，右拳由右向下，經腹前上提至左胸側；左拳向上經頭前下截於右胸側，兩拳心向裡，兩手前臂相疊，左臂在內，右臂在外；同時，左腿併步屈膝上提，右腿微下蹲。目視左下方，面向東南（圖1-255）。

【要領】

纏身扣肩，含胸收腹，屈膝蹲身，充分體現「一合俱合」之意。

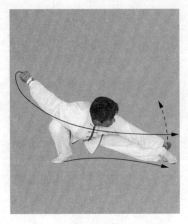

圖 1-256

圖 1-257

4.上動不停。隨著呼氣，右腿屈膝下蹲；左腳落地，
以後腳跟內側沿地面鏟地而出成左仆步；同時，左拳逆纏
絲，以拳背沿左腿外上側向前直臂穿拳；右拳直臂向右後
伸展，兩拳對稱分開，力達拳面。目視左拳，面向東南
（圖 1-256）。

【要領】

仆步穿拳，拳雖下行，神須上領，下行必先有上爭之
意，方為拳道。

第五十八式　上步七星

1.上身向前移，腰向左旋。右腳跟步於左腳內側，落
地震腳，隨之併步屈膝下蹲；同時，左拳上挑，屈肘橫架
於胸前，拳心朝裡；右拳隨著左腳跟步由身後經右腰側自
左腕下方向前崩拳，力達拳面，拳心朝左，與胸同高。目
視正前方，面向東（圖 1-257）。

【要領】

此動源於形意拳「雞形」中的「金雞食米」。要求震腳與崩拳整齊一致，速度要快，腰要下塌，頭要上頂，左肘略下垂。

圖 1-258

2. 右腳向前跨進一大步；同時，兩拳變掌，以腕為軸，一起由上向裡翻轉，再以兩腕交叉相搭，右掌在前，左掌在後，合力向正前方發力推擠，力達掌心，掌與胸同高；同時，左腳隨發力緊跟上半步，兩腿略屈下蹲成「三體式」步型。目視前方，面向東（圖 1-258）。

【要領】

此動發力與形意拳「虎撲把」相同。其兩手不必分前後，手法以得人為準。雙拳向前推發時頭須上頂，背向後靠，臂半圓，腋半虛。進前步要跟後步，進手要進身進步，拳掌不可出界，勁力不可打空。

第五十九式　退步跨虎

1. 隨著吸氣，雙掌向下翻轉化腕，再由內向上翻出，兩掌向前上方捧托，掌心朝上，與嘴同高；同時，右腿屈膝提回至左腿內側。目視前方，面向東（圖 1-259）。

意念通過化腕手法完成接引轉換過程，然後欲撤步回抽。兩肘須下垂，掌應有上托之舉，腿應有後撤之意。

2. 隨著呼氣，右腿向後撤步，隨之兩腿屈膝下蹲成馬步；同時，兩掌分別向左右兩膝外側甩臂切掌，力達掌外沿，兩掌心斜向下。目視左側，面向東南（圖1-260）。

圖 1-259

【要領】

撤步蹲身切掌，須兩臂向外撐擴，腋要虛合，圓襠扣膝，十趾抓地，背向後靠，一身備五弓。

第六十式　風掃梅花

1. 左腳收回於右腿內側，併步屈膝下震腳；同時，右臂外旋，向胸前屈肘立掌橫格，掌心朝左，掌與頭同高；左掌

圖 1-260

向胸前外旋，屈肘立掌，截攔於右肘下側，掌心朝右。目視左側，面向東南（圖1-261）。

【要領】

震腳與右肘橫格、左掌截攔形成合力，乾脆有力。

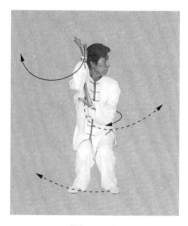

圖 1-261

圖 1-262

2.隨著吸氣，身向右旋；
左腳以前腳掌觸地，順勢沿地
面向右前方轉體平掃半周；同
時，以腰帶動兩肩柔化滾動，
相應帶動兩臂纏繞；右掌逆纏
絲翻掌，由前向右隨轉體屈臂
捋帶，掌心朝下；左掌逆纏
絲，向下、向後穿掌，再順纏
絲，掌心上翻，展臂平捋。目
隨左手移動（圖 1-262）。

圖 1-263

3.上動不停。身體繼續右
旋；左腳踏實，右腳以前腳掌觸地，隨轉體向右後方撤步
平掃半周；兩臂隨身體右旋自然旋擺，而後右掌下捋於右
胯外側，掌心朝下；左掌平帶於頭左側，掌心朝上。目視
右手，面向南（圖 1-263）。

圖 1-264   圖 1-265

【要領】

前掃腿與後掃腿共轉體一周，不可停頓。此動體現了
「撤步大捋」的技法，須要求神靜氣斂，腰為主宰。兩臂
順勢旋轉甩動，自然飄逸，瀟灑大方。

第六十一式　煞腰壓肘

1. 右腳提起，略向左腳前側收攏，並以前腳掌虛著
地；左腿略下蹲成右側高虛步；同時，右掌變拳，順纏絲
翻腕，掛拳於右腰側，拳心朝上；左掌變拳，屈肘翻腕，斜
架於頭左側，拳心朝外。目視右拳，面向南（圖1-264）。

2. 上動不停。右腳向前跨出一步，兩腿隨之屈膝下蹲
成左偏低馬步，重心偏移左腿；同時，右拳逆纏絲翻腕，下
砸於右腰側，拳心朝上。目視前方，面向南（圖1-265）。

【要領】

掛打、截打是引入砸拳的打法。百般打法總是身手相

精編陳式太極拳拳劍刀

圖 1-266

圖 1-267

隨，一氣相貫，左右拳遙相對應，背向後靠，襠口下沉，神有所向，不可散亂。

第六十二式　擺蓮腿

1.兩拳變掌，左掌由頭上側向右下方順時針下捋於左下側；右掌協調左掌向下捋帶於腹前；上身隨捋帶之手向左旋腰，同時重心略向右腿偏移。目隨手動，面向東（圖1-266）。

2.上動不停。雙掌由腰帶動，由腹前經左側向上托起，並向右側捋引，掌心朝上，略與肩同高；左掌在左肩外側，沉肩垂肘；右掌屈肘於胸右內側；兩腿屈膝下蹲成右偏低馬步。目視左掌，面向東北（圖1-267）。

3.上動不停。重心左移，左腿直立，右腿隨之直膝上擺，由下經身體左前側向上順時針外擺腿；雙掌先左後右依次迎拍右腳面。目視雙掌，面向東（圖1-268）。

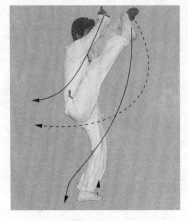

圖 1-268 　　　　　　　　　　圖 1-269

【要領】

該動作須意念以雙手捋引對方手臂，使對方向前傾撲之際，以擺腳擊之。擺腳要快而勇猛，潑辣大膽，拳來手捋，順來橫擊，手起要帶腳，腳踢手要隨，此乃技法要訣。

第六十三式　窩心捶

1. 接上動不停。隨著吸氣，身體右轉；右腳隨轉體在左腿外側落地震腳，隨之左腿屈膝提起貼於右腿內側，右腿屈膝略下蹲；同時，雙手握拳，向右腰側抽帶，兩拳面朝前。目視前方，面向南（圖 1-269）。

2. 隨著呼氣，左腳向前跨一步，隨之雙腿屈膝下蹲成左半弓半馬步；同時，兩拳屈肘，向正前方發力打擊；左拳偏上，拳背朝前，與胸同高；右拳偏下，拳面朝前，與腹同高。目視前方，面向南（圖 1-270）。

精編陳式太極拳拳劍刀

| 圖 1-270 | 圖 1-271 |

【要領】

「拳自心頭發，力從腳跟起」，落腳出拳要協調一致。在此動中，左前臂要有上挑之意，右拳發出的是「寸勁」，故又名「寸拳」。拳經曰：「打前一丈不為遠，近打只在一寸間。」在寸間發勁，力要達數尺之外。其拳理與形意炮拳同出一轍。

第六十四式　當頭炮

1. 隨著吸氣，重心稍向後移；雙拳順勢由前向下經腹前逆時針向後抽帶於身體右後側。目視前方，面向南（圖1-271）。

2. 上動不停。雙拳繼續逆時針畫弧，右拳由後經頭側向前上方甩臂發力摜拳，力達拳面；左拳同時向前砸拳，力達拳背，雙拳協調一致，右拳偏上，略高於頭，拳眼朝下；左拳略高於肩，拳心朝上，兩臂略屈。目視前方，面

圖1-272　　　　　　　　　　圖1-273

向南（圖1-272）。

【要領】

雙拳向後抽帶應意念順勢引化敵手，在對方跌入之際，迎擊對方面頰。此為「引進顧打」手法，須由腰帶臂，甩而抖發。

第六十五式　金剛搗碓

1.隨著吸氣，雙拳變掌，以腕為軸，順時針化腕纏絲後，以腰帶臂，緩緩由上向後捋帶；同時身向下沉。目視前方，面向南（圖1-273）。

2.上動不停。重心前移，左腿漸漸蹬起，右腳隨即上步於左腳前側，以前腳掌虛點地；同時，右掌隨右腿向前撩掌於右腿前側，掌心朝前；左掌逆纏絲翻轉，掌心朝下護於右肘內側。目視右手，面向南（圖1-274）。

3.右手握拳，上舉於胸前，拳心朝上；左掌順纏絲翻

圖 1-274

圖 1-275

腕，掌心朝上置於腹前；同時，右腿屈膝提起，離地高度適中（圖1-275）。

4.上動不停。隨著吸氣，右拳下砸於左掌心；同時，右腳隨身體下沉落地震腳，雙腿隨之屈膝下蹲成馬步。目視前方，面向南（圖1-276）。

【要領】

以意念引導下震腳後，全身放鬆。拳練至此應稍加停

圖 1-276

頓，重新調整周身，再次強調立身中正，心靜氣舒；頂虛靈，肩肘沉，不挺胸、不蕩襠；下盤穩固，上盤鬆靈，養氣蓄勁。

圖 1-277　　　　　　圖 1-278　　　　　　圖 1-279

第六十六式　收　勢

1. 隨著均勻吸氣，右拳變掌，雙掌心朝上，緩緩上托至胸前；同時，兩腿直立站起。目視前方，面向南（圖1-277）。

2. 隨著呼氣，雙掌翻轉，掌心朝下，按於腹前；同時，右腿收回半步。目視前方，面向南（圖1-278）。

3. 上動不停。兩臂放鬆，雙手自然下垂於兩胯側。目視前方，面向南（圖1-279）。

【要領】

併步站立，全身放鬆，在排除一切雜念的情況下慢慢收功，靜心審視這六十六個動作的含義。須知陰陽，通五行；剛柔纏繞，開合收放。要知文修於內，武練於外。時時操練，日日運化；按部就序，多揣摩內勁轉換，少受外形束縛。勁須日積才顯達，功須久練而後成；日久自成「知己」之功。

第二章 精編陳式太極劍

第一節　精編陳式太極劍簡介

「刀如猛虎，劍如游龍」。游龍戲水般的精編陳式太極劍術，是在陳式太極拳術的原始理論基礎指導下整編出來的劍術套路。是與精編陳式太極拳相配合來訓練武術技法的器械之一。它不但要具有陳式太極拳術理論指導的特點，同時也具備與其他劍術相類比的劍法。

該套劍術是在原始陳式太極劍套路基礎上進行了適當的改編和修正而成的。在練法上不但保留和突出了原始老架的特點，而且內容更為豐富精彩，美觀大方。

它共有 62 個原始動作。其中包括了刺、劈、撩、點、削；掛、掃、格、抹、截；雲、提、架、崩、斬；絞、剉、帶、剪、托二十多種劍法和弓、馬、虛、仆、歇等步型。體現了「一動無有不動，一靜無有不靜」，以腰為主、無處不纏絲的風格。

它更要求劍法明確，勁力順達，輕柔靈敏時和風細雨，沉穩剛發時雷霆萬鈞。折疊轉引帶纏絲，往返回旋有虛實，意在劍法中，勁由體內換。出劍如推銼，回劍如抽絲，進步如涉水，撤步如趟泥。要剛柔互濟，動靜有節，跌宕起伏，勇武樸實，輕靈沉穩，圓活渾厚。它適合有一定武術功底的人來細心揣摩，也可供初練武術者參考。

它不但可以增強人們的身體素質，機敏的反應能力，進一步加深認識太極劍的正確使用方法，更給人們一種美的韻律，藝術的享受。

第二節　精編陳式太極劍劍法
術語詮釋

在該套路劍術中，涉及到二十多種劍法，都有其固定的使用法則，現說明如下。

1. **立劍**　兩劍刃朝上下為立劍（又稱立刃）。

2. **平劍**　兩劍刃朝左右為平劍（又稱平刃）。

3. **刺劍**　立劍或平劍向前直出為刺，力達劍尖，臂與肩應成一直線。平刺劍時劍尖高與肩齊平；上刺劍時劍尖高與頭齊平；下刺劍時劍尖高與膝齊平；低刺劍時劍尖貼近地面，但不可觸地；後刺劍要與身體的轉體、後仰等身法協調完成。

4. **劈劍**　立劍，由上向下為劈劍，力達劍身，臂與劍趨於一直線。掄劈劍時，劍須沿身體右側或左側由下向上繞一立圓，再向前下方劈出，後掄劈劍須與身體後轉協調一致來完成。

5. **撩劍**　立劍，由下向前上方為撩劍，力達劍身前部。正撩劍，前臂外旋，手心朝上，劍尖稍下垂，劍體貼身向上弧形撩出；反撩劍，前臂內旋，手心向右上方，劍尖稍下垂，使劍由下向前上方弧形撩起，力達劍身前部。

6. **點劍**　立劍，伸臂提腕，使劍尖猛向前下方點擊，力達劍尖。要求伸臂要直，提腕突然。

7. **削劍**　立劍，在左肩外側，劍尖朝後，由上向後、向下為削。

8. **掛劍**　立劍，虎口和劍尖朝前，劍尖由前向上、向

後，或向下、向後為掛，力達劍身前部。上掛劍是向上、向後貼身掛出；下掛劍是向下、向後貼身掛出；掄掛劍為貼身立圓掛一周。

9.**掃劍**　平劍，手心朝上或朝下，劍身向左或向右平行移動橫出，高度低於膝而以踝關節同高為標準。力達劍身。

10.**格劍**　用劍刃從前向後抽割為格，著力點由劍刃後端隨抽割逐漸向前漂移。

11.**抹劍**　平劍，由前向左或向右弧形抽回為抹。其高度應保持在胸、腹之間，力達劍身。

12.**截劍**　劍身斜向上或斜向下為截，力達劍身前端。

13.**雲劍**　平劍，在頭前上方或頭頂平圓繞轉為雲劍。上雲劍時，頭要後仰。

14.**提劍**　劍尖垂直朝下為側提劍，前臂內旋，虎口朝下；由下向右上方貼身弧形提起為右上提劍，高與肩齊平，劍尖斜朝下；左上提劍時前臂外旋，手心朝上，向左上提起。

15.**架劍**　立劍，橫向上為架，劍高過頭，力達劍身。

16.**崩劍**　立劍，沉腕提手，使劍尖猛向前上方挑擊為崩劍，力達劍尖。

17.**斬劍**　平劍，向左或右直臂平移，高度在頭、肩之間為斬，力達劍身。

18.**絞劍**　平劍，以劍尖順時針或逆時針纏繞小圓為絞，力達劍身前端。

19.**剉劍**　用劍刃從後向前推移，如銼刀銼物。著力點由劍刃最前端朝後漂移為剉劍。

20.**帶劍**　平劍或立劍，由前向側後或側後上方抽回為帶劍，力達劍身。

21.**剪腕劍**　立劍，以腕為軸，在臂兩側向前下方貼身立圓繞環，力達劍尖。

22.**撩腕劍**　立劍，以腕為軸，在臂兩側向前上方貼身立圓繞環，力達劍尖。

23.**托劍**　平劍或立劍，劍尖朝前，劍身平行上移為托，力達劍身後端。

24.**抱劍**　平劍，手心朝上，劍尖朝前上方或左或右上方，力達劍身根部為抱。

25.**穿劍**　平劍，前臂外旋，劍尖經胸、腹間向前為平穿劍，力達劍尖。立劍，前臂內旋，劍尖由前向後轉動而出為後穿，力達劍尖，高不過膝。

26.**挑劍**　立劍，由下向上為挑，力達劍尖。

27.**洗劍**　平劍，向前直刺為洗。

28.**劍指**　中指與食指伸直併攏，其餘三指屈於手心，拇指在無名指第一指節上。

第三節　精編陳式太極劍動作名稱

第一式　起勢	第六式　哪吒探海
第二式　東峰銜日	第七式　青龍探爪
第三式　仙人指路	第八式　左右護膝
第四式　葉底藏花	第九式　閉門劍
第五式　朝陽劍	第十式　青龍出水

第 六 十 式　磨盤劍　　　　第六十二式　併步還原
第六十一式　金針指南

第四節　精編陳式太極劍動作圖解

第一式　起　勢

1. 兩腳相併，身體垂直站立；兩臂自然下垂，左手拇指與中指合攏，倒握劍之護手，反手直臂下垂於身體左側，手心朝後，劍刃不得觸及身體；右手掌自然伸開，鬆垂於身體右側。目視正前方，面向南。要求虛領頂勁，含胸收腹，立身中正，心靜氣舒（圖2-1）。

2. 左腳向左側輕柔緩慢地橫邁一步，兩腳與肩同寬；右手食指與中指伸直，其餘三指合攏成劍指狀，手心朝後（圖2-2）。

圖 2-1

圖 2-2

圖 2-3

圖 2-4

3.隨著勻、慢吸氣，兩臂徐徐向前、向上直臂平舉至
與肩同高；同時，兩腿微微下蹲，鬆腰收胯；右手劍指
狀，左手反持劍，手心均朝下。目視前方（圖 2-3）。

4.隨著呼氣，兩手緩緩下沉至兩胯前側；身體隨之微
微下沉；兩腿微向下蹲；右手劍指向前；左手持劍，劍尖
朝後上方斜指。目視左前方（圖 2-4）。

【要領】

太極劍起勢，要保持虛領頂勁，鬆肩垂肘，立身中正
安舒，心靜神注。劍在身後垂立時，不要使劍刃觸及身
體。

第二式　東峰銜日

1.隨著緩慢吸氣，雙臂以腰帶動，順時針從身體左前
方直臂上擺畫弧至與肩同高，兩手心朝下，劍尖朝後。目
視左前方。要求舉臂時沉肩垂肘，屈膝下蹲（圖 2-5）。

圖 2-5

圖 2-6

2. 雙臂繼續順時針畫弧，
經頭前向右側斜攔，猶如右手
捋帶、左手以劍柄橫向攔截對
方來物；同時，右腳向右後方
斜撤半步。目視左前方（圖
2-6）。

3. 雙手心朝下捋帶；雙腿
屈膝下蹲成馬步；雙臂要沉肩
垂肘，有下沉之勁，頭頂要虛
領，背要拔，襠要圓。目隨手
移（圖2-7）。

圖 2-7

4. 雙手繼續順時針畫弧，由下再經左前方向上掤架至
與肩同高，兩手心朝下；同時，重心右移，隨之左腿屈膝
提起，側靠於右腿側；右腿同時屈膝半蹲。目視左前方
（圖2-8）。

圖 2-8

圖 2-9

5. 隨著呼氣，身向下沉，左腳跟內側著地，沿地面向左前方擦地而出，成左仆步，意在進步進身；右腿屈膝下蹲；右手掌心朝下，直臂向右後側掤架；左手心朝下，劍身平置於左肘下方，劍尖朝左（朝東）。目視左前方，面向南（圖2-9）。

6. 身向下傾；左手心朝下，反手持劍，劍身平置，劍尖朝左，由右上方向前下方平推劍；右手劍指直臂向右後方撐展，與左手劍形成對開之勢（圖2-10）。

7. 隨著吸氣，身體俯身向前移動；重心向左腿偏移，左腿漸漸蹬起，右腿隨之跟進，右腳前腳掌著地，

圖 2-10

成右虛步站立；同時，左手持
劍上掤，橫攔於胸、腰前，劍
身平置，劍尖朝左；右手劍指
隨右腿向前側撩起，手心朝
前。目視劍指（圖2-11）。

【要領】

動作要連貫而不停頓，有
「欲停而非停，非停而欲止之
狀」。勁由內換，動如撕棉，
不可鬆散。雙臂在纏繞時不失
掤勁。要內固精神，外示安
逸，中正隨和，上下相合。起
腿要輕靈，下勢要沉穩，始終
保持劍刃不可觸及身體任何部
位。

圖2-11

第三式　仙人指路

1. 右腳向右側斜跨一步；
同時，兩臂協調纏繞，左手反
持劍柄，順時針畫弧，由下向
左、再向上掤挑；右手劍指逆
時針畫弧，由下向右後側纏絲
化腕（圖2-12）。

圖2-12

2. 左手反持劍柄繼續畫弧，由左側向胸前截攔，手心
朝下，平劍橫攔於胸前，劍尖朝左前方；右手劍指由右腰
側化腕纏絲，手心朝上，由右後方直臂上托於右肩側；同

圖 2-13

圖 2-14

時，左腳隨之跟回，側靠於右腳內側；左腳前掌虛點地，雙腳併步屈膝略下蹲。目視右手（圖 2-13）。

3. 上動不停。左腳向左側橫跨一步，身體隨之左轉（面向東），雙腿屈膝下蹲成右偏馬步；左手反持劍柄下撥於身左側，劍身垂立，劍尖朝上；右手劍指屈肘回帶，手心朝前。目視左前方（圖 2-14）。

圖 2-15

4. 右手劍指經右耳側向左前方直臂指出，手心朝前下方；同時，右腳隨手動一起向前邁進一步，併步側靠於左腳內側，雙腿屈膝半蹲；左手反持劍柄，垂立於身左前側。目視正前方，面向東（圖 2-15）。

精編陳式太極拳拳劍刀

【要領】

「仙人指路」意在「指」上。右手劍指要有內勁注入，指出時要有探囊取物之意，要有直通對方穴位的意念。重心左右移擺要分清虛實。左手反持劍柄，須使劍身緊貼前臂而讓劍刃遠離身體。幾度纏繞，乃是攔拿、截撥的技擊法則，接招出劍的靈巧之術。兩臂纏絲須隨腰旋動，上下協調。偏馬步要做到身正襠圓、氣沉小腹、八面支撐的樁功架勢。

第四式　葉底藏花

隨著吸氣，身略向右轉；右腳快速向後撤一步，隨之左腳向後撤步於右腳後方，兩腿屈膝全蹲成歇步；同時，左手反持劍柄，經胸前向右腰側回帶，使劍刃平抹畫弧，並停於胸、腹間，劍尖朝左前方（向東）；右手劍指變掌，手心朝下扣壓於左手劍柄上，右手接劍，左手即刻鬆開，身略前傾。目視前方，面向東（圖2-16）。

【要領】

雙腿屈膝下蹲時身微前傾，但意念要上提。全身靜則俱靜，動則俱動，曲蓄開合，勁由內轉，意達前方。速度由慢漸快，有縮身閃讓對方

圖 2-16

器械、順勢換接劍之意。
接劍要順隨俐落，不可停
滯。「葉底藏花」意在
「藏」字，要有藏劍暗
接，換手偷襲之意。

第五式　朝陽劍

圖 2-17

1. 隨著呼氣，左腳向
前（向東）跨出一步，右
腳隨之跟進，身體併步直
立；同時，右手持劍，隨
右腳進步向正前方立劍平
刺，速度由慢漸快，劍身
與肩同高，力達劍尖，意
達劍前；左手改為劍指，
附於右手腕內側。目視正
前方，面向正東（圖 2-
17）。

2. 右腳向後撤一步，
隨之重心後移於右腿，雙
腿屈膝半蹲成左虛步；同
時，右手持劍，以劍尖逆

圖 2-18

時針絞劍一小周後，立劍向下橫攔於腹前；左手劍指附於
右手腕處。目視前方（圖 2-18）。

3. 上動不停。左腿屈膝上提成右獨立步；同時，右手
持劍，手臂外旋上舉，立劍上架於頭頂前上方，劍身平

　精編陳式太極拳拳劍刀

置，劍尖朝前；左手劍指向正前方直臂指出，與肩同高，手指略上翹。目視正前方，面向東（圖2-19）。

圖 2-19

【要領】

撤步絞劍下攔時速度由快漸慢，猶如抽絲，勁力在劍身中部。須含胸收腹，兩臂外撐。上架劍時，意念勁力直達劍身。此時右腿支撐要穩，同時收腹提肛，有上架對方擊來兵器之意。整個動作開中寓合，合而又開，形成剛柔起伏之狀，沉穩持重之態。

第六式　哪吒探海

圖 2-20

1. 隨著吸氣，右腳蹬地，身體空中躍起，隨之左腳先落地，右腿屈膝提起成左獨立步，右腳略向外展出，身體右轉（面向西南）；同時右手持劍，向右下側截攔，意在截攔對方兵器，隨即順勢提抽劍於膝前，劍尖朝右下方；左手劍指協調右手，由左側收回至右手腕處。目視劍尖（圖2-20）。

圖2-21

2.隨著呼氣，身向下沉，右腿落地震腳，隨即左腿屈膝向左側上提成右獨立步；同時，右手持劍，向右下方立刃斜刺，其勁直達劍尖；左手劍指向左側上撩斜架於頭左上方，身微前探。目視劍尖（圖2-21）。

【要領】

「哪吒探海」意在「探」上。身微前傾，劍向前下方盡力探刺，與震腳形成合力，勁力直達劍尖，意念直刺對方腿腳部位。該動作須收中寓放，放中寓收，蓄勁含合，一收皆收，一放皆放，須在收合開放中完成。

第七式　青龍探爪

1.左腿向左側大跨步落地，隨之重心左移，左腿屈膝下蹲成左弓步，右腿蹬直；同時，右手持劍，由右下方向上立刃崩劍，劍身垂直，劍尖向上，力達劍前身；左手劍

精編陳式太極拳拳劍刀

指向左側上方撐托並斜架於頭左側，略高於頭，身微左傾。目視劍尖（圖2-22）。

2. 右手持劍，劍尖纏絞一小周後身向右轉，右臂內旋，劍尖向下穿過腹前；左手劍指向胸前橫攔；重心稍向右腿移動，雙腿屈膝半蹲成右偏馬步。目視前方，面向東（圖2-23）。

圖2-22

圖2-23

3. 上動不停。右手持劍，向正前方直臂立刃發力刺劍，力達劍尖，臂與劍成一水平線，高與肩平；左手劍指向左側挑起，斜架於頭左上方；同時，右腳隨刺劍向左腳內側併步震腳，身體直立，目視前方，面向東（圖2-24）。

圖 2-24

【要領】

右腳要隨發力平刺劍同步，向前擦地而出，以助劍威。發力平刺劍時要沉著鬆靜，意念直達前方。其勁生於腳跟，發於脊背，蓄而後發。使刺劍乾脆有力，由慢漸快，速達刺點。

第八式　左右護膝

1. 身向左轉，隨著呼氣，身向下沉；右腳順勢向右前方跨進一步，兩腿隨之屈膝下蹲成右偏低馬步；同時，右手持劍，隨身體右轉，劍尖順時針絞劍一周後，經頭前立劍向左側下方逆時針畫弧截攔，直至左膝外側，意念勁力直達劍身，意在護膝；左手劍指附於右手腕處，隨右腕同行。目隨劍移，面向北（圖 2-25）。

2. 上動不停。身向右轉；右手持劍，與左手劍指隨著

圖 2-25

右轉身，使劍由左下方經兩膝前平劍橫掃，隨之劍繼續沿逆時針畫弧後，向右上方立劍撩起，上架於頭前側；同時，左腳以右腳為軸，轉身上步落於右前方，腳掌虛著地成左低虛步。目視前方，面向東（圖 2-26）。

3. 上動不停。

右手持劍，向右後側順時針畫弧，立刃下劈至右膝外側；同時，身略右轉，左腳順勢向前邁進半步，隨之雙腿屈膝下蹲，成左偏低馬步；左手劍指附於右手腕處，隨右前臂運行。目

圖 2-26

圖 2-27

隨劍移，面向南（圖 2-27）。

4.上動不停。右手持劍，繼續順時針畫弧，經右膝前與左膝前平劍橫掃後，身後左轉，劍隨轉身向左上方立劍撩起，劍尖朝前（面向東），上撩於頭前側；同時，右腳隨身體左轉向前大跨一步，前腳掌虛點地，左腿屈膝下蹲成右低虛步。目視前方（圖 2-28）。

【要領】

持劍向左右兩側下劈和橫掃，意在護膝。因此，劍身必須下劈至膝外側後再平劍橫掃。

圖 2-28

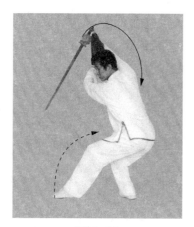

圖 2-29　　　　　　　　圖 2-30

第一動中，劍達左膝側，重心須偏向右膝，然後上提劍時須經右膝前掃過。第二動中劍達右膝側，重心須偏向左膝。劍下劈時須有上拔之意。在轉身時要以腰為中軸，身如車輪，旋轉連貫，圓活自如，腿與劍協調一致。

第九式　閉門劍

1. 身體向左後轉 180°；右腳順勢裡扣，左腳隨之外擺；右手持劍，隨著身體左轉，以腰帶劍逆時針畫弧，由右上方向左下側提腕點劍，速度由慢漸快，力達劍尖；左手劍指附於右手腕側；重心偏向右腿，並屈膝成左虛步。目視劍尖，面向西（圖 2-29）。

2. 下肢不動，身體略下沉；右手持劍，劍尖朝下，在身前逆時針絞劍一小周，然後右手臂內旋，劍柄垂直朝上，劍尖垂直朝下，提劍至頭側，意達劍身；左手劍指仍附於右手腕處。目視前方，面向西（圖 2-30）。

轉身下點劍，要以腰為軸，快速有力，力達劍尖。絞劍上提，要勁如抽絲，速度由快漸慢，意在劍身，要護住身體。身體要含而蓄勁，脊背有向後靠之意，兩臂有圓撐之象。

圖 2-31

第十式　青龍出水

1. 上身隨著吸氣，含胸收腹以蓄其勁，同時腰向右轉，帶動右手臂外旋；右手持劍，纏繞上提，再收回至右腰側，劍刃立，劍身平，劍尖朝前；同時，左腿屈膝提起，成右獨立步，身微前傾；左手劍指附於右手腕處。目視前方，面向西（圖 2-31）。

2. 隨著呼氣，右手持劍，從右腰側向正前方立刃發勁平刺，力達劍尖，右臂與劍成直線，高與肩平；左手劍指向上斜架於頭左側；同時，左腳向前邁出一步，並屈膝下蹲成左弓步；右腿蹬直，右腳隨著發力和左腳前邁之勢向前搓地前移，以助劍威。目視前方，面向西（圖 2-32）。

【要領】

蓄勁有如拉弓，發勁好似射箭。向前平刺前的含胸收腹，合身蓄勁，為後面的發勁刺劍做好準備。蓄勁要氣貼背，而後力由脊發，直達劍尖。與出腿形成合力，形整勁足，意念專注劍尖前方，全身外鬆沉而內剛健。

圖 2-32

第十一式　大蟒翻身（轉身劈劍）

1. 身向右轉，重心右移；隨之雙腿屈膝下蹲成低馬步；同時以腰帶臂，使右手持劍，順勢向左側下方斜截；左手劍指附於右手腕處。目隨劍移，面向北（圖 2-33）。

2. 上動不停。隨著吸氣，左腿直立，右腿屈膝上提成左獨立步，右腳貼附於左腿內後側；右手持劍，逆纏絲上提，使劍身垂直倒立於左胸側，劍尖朝下，速度由快漸慢，勁如抽

圖 2-33

絲；左手劍指經胸前
向下撐擴，與右手形
成對開之勢，面向北
（圖2-34）。

　3.上動不停。身
體右轉，呼氣沉身；
右腿向右後側邁出一
步，隨之屈膝下蹲，
成右弓步，左腿伸
直；同時，右手持
劍，順時針畫弧，由
左肩側經頭前向右下

圖2-34

方發勁向下劈劍，力達劍身，臂與劍成一直線，高與肩
平；左手劍指協調動作，側架於頭左上方。目視劍前，面
向東（圖2-35）。

圖2-35

精編陳式太極拳拳劍刀

斜向下截劍與向上提劍，要走出劍隨腰旋、勁如撕棉的感覺，緩而滯慢。要合身蓄勁，蓄而後發。隨著呼氣發勁下劈劍，要意達劍身，劈劍與出右腳形成合力，勁整力足，乾脆有力。

第十二式　青龍返首（回身劍）

1. 身向左轉；同時，右手屈腕回掛劍，使劍尖朝前下方，由右經下方向左回掛，立劍置於右胯側；右腿隨腰左旋，提回於左腿內側；左手劍指向身體左下側斜下撥，手心朝左。目隨劍移，面向北（圖2-36）。

2. 上動不停。右腳於左腿內側落地震腳。同時左腳提起向前跨出一大步，雙腿屈膝下蹲成左半弓半馬步；右手持劍，經右腰側向正前方平劍洗刺，手心朝上，手臂微屈，肘向下垂，速度由慢漸快，力達劍尖；左手劍指向左

圖2-36

側腰間按壓，手心朝下。目視劍前，面向西（圖2-37）。

圖 2-37

【要領】

「青龍返首」意在返身突然出劍，因此，轉身應輕靈自然，然後全身放鬆。隨著呼氣，右腳鬆沉下震。以意領氣，以氣催力，速度由慢而快，出劍凶猛，步到劍到，力達劍尖，意達劍前。下身要堅實沉穩，上身要鬆活敏捷。

第十三式　斜飛勢

1. 隨著吸氣，右腳收回左腳內側，腳前掌虛點地，雙腿併步屈膝下蹲；右手持劍，順時針纏絲絞劍，隨即手心朝上，向左側回帶劍；左手劍指交叉相合於右前臂上方，手心朝下；含胸收腹，沉肩束胯。目視劍身（圖2-38）。

2. 上動不停。右腳向右後側斜跨一大步，隨之屈膝下蹲成左低仆步；右手持劍，手心朝上，向右上方斜削，劍尖斜向上；左手劍指向左下側撐按，與右手形成對開之勢，目視劍尖，面向北（圖2-39）。

【要領】

以腰帶臂，以臂帶劍，欲開先合，合而後開，在兩臂

圖 2-38

圖 2-39

交叉的合中要有欲開之意。全身合而蓄勁，意在發放；開而發勁，勁達劍身。意在以劍向斜上方直削對方身體。其勁要起於腳跟，形於腿，由腰主宰，順暢於臂，直達於劍身。

圖 2-40

第十四式　鳳凰展翅

1. 重心向左腿偏移；左腿隨之屈膝下蹲成左弓步，右腿蹬直；同時，右手持劍，向頭左側抽劍，劍尖方向保持不變，意念勁力在劍身，有引化對方兵器之意；左手劍指相合於右手腕處。目視右上側（圖 2-40）。

2. 上動不停。右手持劍，由上向左側逆時針畫弧並向左側下截，隨之劍經身前下方直臂向右上方翻腕撩劍，速度由慢漸快，手心斜向後；同時，左腳向右腿後插步變成倒插步；身略向左傾，右腿屈膝略弓，腳尖外撇；左手劍指向頭左側撐擴，手心斜向下。目視劍尖，面向北（圖 2-41）。也可雙腿屈膝全蹲下坐，成坐盤上撩劍（圖 2-42）。

【要領】

「鳳凰展翅」重點在展臂反撩。撒步翻手上撩劍時要

圖 2-41

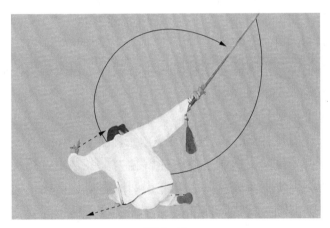

圖 2-42

旋腰展臂，手腳協調一致來同時完成此動作。意念以劍「黏」住對方器械後，引化對方。因此，須使勁力直達劍前身。手臂要柔中有剛，勁由內轉。如果練成坐盤上撩劍，則應稱為「犀牛望月」。

第十五式　鳳凰點頭

左腳向左側橫跨一步，隨之重心左移；右手持劍屈腕，手心朝裡，以劍尖朝左並經左下方向上掛劍，再經頭前向右側屈臂翻腕猛力下點劍，劍身略高於肩，劍尖朝右（朝東）；兩腿屈膝下蹲成馬

圖 2-43

步；左手劍指附於右手腕處，手心朝外。目視劍尖，面向北（圖 2-43）。

【要領】

「鳳凰點頭」重在「點」上。此動為兩種劍法之應用，首先是向下掛劍，然後屈臂猛力翻腕點劍。翻腕下點劍應與馬步下蹲成合勁，意在掛引開對方兵器後，猛烈反點擊對方腕、臂或其他部位。在翻腕發力點劍前要含而蓄勁。上、中、下一氣把定，肩、胯、肘和膝、手、足三合對應，以便發得乾脆有力。下點劍時雙腿馬步站定，兩腳向右側搓地而出。

第十六式　撥草尋蛇

1. 右手持劍，逆時針經頭前向左側立劍下劈，力達劍

身；左手劍指附
於右手腕處，劍
尖朝左（朝
西），兩手置於
腹前。目視劍
身，面向北（圖
2-44）。

2. 上動不
停。右手持劍，
以劍尖逆時針絞
劍一小周，隨即
劍身平置，右手
心朝下，由左側
膝前向右膝前平
掃；左腿以右腳
為軸，隨身右轉
180°，向右側屈
腿邁出一大步；
同時，右手劍向
右上側撩帶；兩
腿屈膝下蹲，仍
保持偏低馬步；

圖 2-44

圖 2-45

左手劍指附於右前臂內側。目隨劍移，面向南（圖 2-
45）。

3. 上動不停。右手持劍，順纏絲絞劍一小周後向右膝
側斜劈，力達劍身；左手劍指向外擺，側架於頭左側；重

圖 2-46

心左移成左偏低
馬步。目視劍
身，面向西南
（圖 2-46）。

4. 上動不
停。右手持劍，
劍身平置，手心
朝上，由右膝前
向左膝前平抹；
隨即屈膝提起右
腳，成左獨立

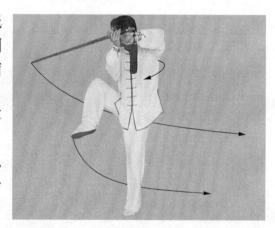

圖 2-47

步；右手隨即抽帶劍於頭左側，手心朝裡；同時身向右
轉，使劍尖朝右下方；左手劍指附於右手腕處，手心朝
外。目視右後方，面向西（圖 2-47）。

5. 上動不停。身向右後轉體 180°；右腳隨轉體向右後

圖 2-48

落地，隨即屈膝下蹲成右弓步，左腿伸直；同時，右手持劍，經左下側立劍下穿劍，再向前下方刺出，力達劍尖；左手劍指附於右手腕處。目視劍尖，面向東（圖 2-48）。

【要領】

「撥草尋蛇」以絞、抹、掃、劈、撩、抽、帶、穿劍等 9 種劍法組合應用。左右平掃劍，猶如撥草，意在「撥」字。應使動作輕靈敏捷。劍隨身轉時，撩、抽、帶、劈，順手拈來，不可拘束，要順其自然，在不期然而然中完成。步隨劍移，可使身法高低縱橫，起伏折疊，抑揚伸縮。在劍的運行中體現有剛柔，轉折中有纏繞。最後再忽然跨步穿刺劍，總要上下相貫，一氣呵成。

第十七式　金雞獨立

1.重心左移，雙腿屈膝成左偏低馬步；右手持劍，順時針絞劍一周，隨之沉肩垂肘向懷中抽帶劍，右手置於右

腰側，手心向上，
劍身平置，劍尖向
右（向東）；左手
劍指置於右手腕
處。目視右側（圖
2-49）。

圖 2-49

2. 上動不停。
右腿屈膝上提，成
左獨立步；同時右
手持劍，立劍平
行，向上托架於頭
前，力達劍身，高
與眉齊平；左手劍
指附托於右手腕
上，隨劍上行。目
視右前方，面向東
（圖 2-50）。

【要領】

絞劍抽劍，意
在引化對方兵器，
故要剛柔兼備，快
慢有序，以腰旋

圖 2-50

轉，帶動劍行。獨立向上托架，要提襠束腰，屈臂扣肩，
上下合勁，勁達劍身，有力托千斤之勢。向懷中抽帶劍，
其勢要低，要縮身後閃。獨立上架托劍，其勢要開而長。
右手持劍，低不過膝，高不過眉，均在顧盼之中。

圖 2-51

第十八式　探海擒鰲

隨著呼氣，右腳向前落地，鬆沉下震；隨之左腿跟進一步，左腳掌虛點地，併步於右腳內側。兩腿隨之屈膝下蹲；右手持劍，手腕外旋，隨左腳進步滾劍，再向右前下方反手直臂斜刺，手心朝後，力達劍尖；左手劍指附於右手腕處，手心朝下。目視劍尖，面向東（圖 2-51）。

【要領】

「探海擒鰲」意在「探」字。反手前刺，直臂盡力前伸，方顯探意，而且意念上更需有探囊取物之意。力要達劍尖，意已達劍前。向前邁步、跟步均須身輕步捷，有「高低縱橫任意走，驚上取下勢如虎」的敏捷身法。

第十九式　蓋攔勢

1.左腿向後撤步震腳，重心後移於左腿，並屈膝下蹲

圖 2-52　　　　　　　　　　圖 2-53

成右虛步；右腳隨之向後拖半步；同時，右臂內旋，手心
朝上，持劍逆時針向左斜削，再翻腕使手心朝下，平劍向
右橫攔（圖 2-52）。

　　2. 上動不停。右手持劍，右臂平舉，使劍向右側平
斬；左手劍指同時向左側平架撐擴，與右手形成對開之
勢；雙臂微屈，雙肘與背均要有向後靠擊之意，劍身平
舉，高度略低於肩，劍尖朝前，雙手心均朝外下方。目視
前方，面向東（圖 2-53）。

　　【要領】

　　「蓋攔勢」意在橫攔平斬、背靠肘擊，有八面支撐之
意。出劍如推舟，抽劍如撕棉，均須有內勁相助，不可只
走花架。向外側平斬橫攔劍時，要使背向後靠，與後震腳
形成整勁。雙臂須半圓，腋下須半虛，外撐而有掤勁，肘
靠而又不露形。做到勁不外露、形不破體。

精編陳式太極拳拳劍刀

圖 2-54　　　　　　　　　　圖 2-55

第二十式　古樹盤根

1. 右手持劍，手臂內旋，以立劍向前平刺；同時，右腳略向前跨半步，腳尖外撇；左手劍指附於右手腕處。目視前方，面向東（圖 2-54）。

2. 上動不停。隨著吸氣，上身向右轉體，隨之雙腿屈膝全蹲成歇步；同時，右手持劍，逆時針絞劍後向頭上側抽削劍，再平架於頭前側，手心朝外；左手劍指屈肘，側置於右臂內側。目視左前方（圖 2-55）。

【要領】

以腰帶臂，一動全動。在腰旋轉的同時，右手持劍要有纏繞提抽的內勁產生。在歇步下蹲時，要有頂勁虛領之態，是欲上而先下的動作。意在以劍抽架對方兵器之後，欲攻而未攻之狀，恰似欲撲食之虎、捕鼠之貓，一觸即發。

第二十一式　餓虎撲食

1. 緊接上動。身體起立；右手持劍，向後抽帶於右腰側，劍尖朝前，手心朝下；左腳向前邁出一步，雙腿屈膝下蹲成偏高馬步；左手劍指橫護於胸、腹側。目視正前方，面向東（圖2-56）。

2. 上動不停。隨著呼氣，右手持劍，由右腰側猛力向前立劍刺出，劍與腹同高；右腳隨刺劍而沿地面搓地前移，同時背向後靠，成三體式椿步，以助發力；左手劍指變掌，附於右手腕處，協助向前猛刺；兩臂須半圓，不可伸直，右手緊握劍柄。目視正前方，面向東（圖2-57）。

【要領】

纏絲絞劍，蓄而後發，力達劍尖，意在敵前。周身上下要

圖 2-56

圖 2-57

精編陳式太極拳拳劍刀

神不外散，要兩肩相合，氣向下沉。兩腳踏實，勁起於腳跟而發於脊。兩臂半圓，不失掤勁。劍向前刺與背向後靠形成堅不可摧的樁形，身、劍一體，猶如形意拳崩拳之勁。故下肢須採用三體式樁步。

第二十二式　車輪劍

1. 身體左轉；右腳順勢向前跨出一步，隨之雙腿屈膝下蹲成左偏馬步；同時，右手持劍，隨身體左旋，右臂順纏絞劍後再向右上方逆時針立圓撩架劍，力達劍刃，劍尖朝右前方，手心朝裡；左手劍指附於右手腕處，隨劍運行。目隨劍移，面向北（圖 2-58）。

圖 2-58

2. 上動不停。右手持劍，繼續逆時針畫弧，經頭前上方向左下方截攔並下劈劍；重心隨之右移，面向北（圖 2-59）。

3. 上動不停。身體右轉；左腳順勢隨轉身向前跨出一步；重心移於右腿，右腿微屈下蹲；同時，右手持劍，右臂逆纏絲，經腹前向

圖 2-59

圖 2-60

右上方順時針立圓撩帶劍；左手劍指附於右臂內側。目隨
劍移，面向南（圖2-60）。

【要領】

劍為加長之手臂。在以腰為軸、左右旋轉、帶動手臂
持劍立圓撩架劍時，其意在進步撩劍上。意念左右撩截引
化對方兵械或肢體。勁要直達劍前刃。在持劍過程中，腰
要活，臂要掤，頂要領，胯要鬆，背要後靠，氣要下沉，
動作猶如滾動的車輪，圓暢連貫，一氣呵成，速度均勻，
勁由內轉。

第二十三式　倒捲肱

1.上動不停。身體繼續右轉；右腿順勢隨著右轉身向
後插一步，同時落地震腳；右手持劍，隨身體右轉向左後
外側逆時針抽格劍，手心朝裡；左手劍指附於右手腕處。
目隨劍移，面向西（圖2-61）。

圖 2-61

2. 上動不停。隨著身體繼續右轉，左腿向後撤一步；右手持劍，繼續逆時針畫弧，經左後外側向左下方截攔後，順勢沿立圓弧向前翻腕上撩劍；左手劍指仍附於右手腕處。目視前方（圖 2-62）。

圖 2-62

3. 上動不停。腰向右旋；右手持劍，繼續順時針沿圓弧隨腰轉動，向上提劍後再向右後方斜抹下劈；左手劍指橫置於胸前。目隨劍移（圖 2-63）。

圖 2-63

4.上動不停。身向左轉；右手持劍，繼續沿順時針方向畫弧，經右側下方撩帶劍後，再向正前方平斬劍，劍身與胸同高；同時，右腳向後撤一步，雙腿微屈膝下蹲，成三體式樁步；右手劍指斜架於頭左側。目視正前方，面向西（圖2-64）。

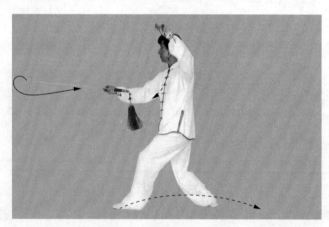

圖 2-64

精編陳式太極拳拳劍刀

【要領】

「倒捲肱」意在撤步運劍。抽、格、截、攔、提、撩、抹、斬全在畫弧撤步中完成。無論進步、退步，左右平抹，均須以腰帶動，手腳對應，上下相隨，勁達劍刃，以引帶巧取為手法，要圓活自然，不可有僵硬之處。震腳抽格劍須有短促發力。

圖 2-65

第二十四式　虎抱頭

1. 左腳向後撤一步，隨之重心後移至左腿，雙腿屈膝下蹲站成右虛步；右手持劍，手腕外翻成手心朝下，劍尖朝前，劍身平向右外側抹帶；左手劍指由胸前畫弧，向左外側撐擴，左右手心均朝外下方，形成對開之勢；背向後靠，提襠斂胯，鬆肩垂肘。目視前方，面向西（圖 2-65）。

2. 右腿屈膝上提成左獨立步，腳尖上翹，小腿略向左上提；右手持劍，由身右側上撩至胸前；左手劍指變掌，向胸前收攏，與右手合抱劍柄於胸前；兩手心斜向上，劍尖朝前上方。目視正前方，面向西（圖 2-66）。

【要領】

抱劍時要虛領頂勁，沉肩含胸。兩臂要半圓外撐，背向後靠，腹要空靈。

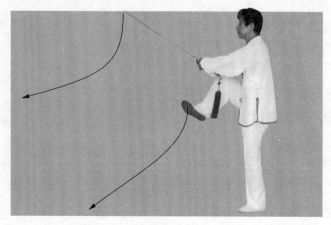

圖 2-66

第二十五式　野馬跳澗

1. 隨著呼氣，右腳向前落地，隨之屈膝下蹲成右弓步，左腿蹬直；雙手抱劍，先向裡微微抽回，再向正前方平劍洗刺，手心朝上，雙臂伸直，劍與胸同高，力達劍尖，意在劍前。目視前方，面向西（圖 2-67）。

2. 隨著吸氣，左腳向前輕輕躍出，隨之右腳緊跟上步，屈膝收提於左腿內側，左腿屈膝微下蹲，上身略向前撲；同時，兩手左右分

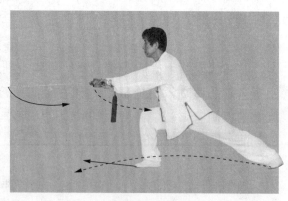

圖 2-67

精編陳式太極拳拳劍刀

開，右手持劍，向身右側帶劍平抹；左手劍指側按於左胯側，雙手心均朝下。目視前方，面向西（圖2-68）。

3. 隨著呼氣，右腳向前大跨步落地，隨之屈膝成右弓步，左腿蹬直；同時，右手持劍，由右胯側向前平劍洗刺，手心朝上；左手劍指向後擺至頭左側上架，上身略前傾，力達劍尖。目視前方，面向西（圖2-69）。

圖 2-68

圖 2-69

吸氣躍步向
前跳躍要如龍虎
飛騰之狀，落地
要輕靈敏捷，不
可呆板滯後，弓
步探刺力求深
遠，落步與刺劍
要合為整勁，步
到劍到，身劍協
調統一。勁力要

圖 2-70

直達劍尖，意在探刺追殺敵手。

第二十六式　回身勒馬

1. 身體左轉 180°，重心左移；右腿隨之蹬直，左腿屈膝成左弓步；右手持劍，隨身左轉，先經膝前平掃，再向左後方平劍橫斬，力達劍身，劍要由低漸高，直至與肩同高，手心朝上；左手劍指合附於右手腕處。目隨劍移，面向東（圖 2-70）。

2. 上動不停。重心右移，身體下沉；右腿屈膝全蹲，左腿隨之伸展成左仆步；同時，右手持劍，往左下方平劍抽帶，手心朝上；左手劍指隨附於右手腕處，隨劍運行，劍身

圖 2-71

平行離地約一腳面高，劍尖朝左前方（朝東）。目視左前方（圖 2-71）。

【要領】

向左轉身平掃劍，意在橫掃對方腰、胯、腿等部位，力達劍身。要十趾抓地，下盤穩固，上身靈敏，劍隨腰轉，兩臂掤勁不丟。疾速回抽，意在引空對方。向下蹲身要胸、腰折疊，身雖下沉而意要上提，神不可散而如捕鼠之貓縮身待撲之狀。

第二十七式　白蛇吐信

1. 重心左移，上身漸起成右偏馬步；左手劍指屈肘向前上方掤架；右手持劍，向身右後側立劍抽提，劍尖略朝下；全身蓄勁，十趾抓地，意在前衝。目視左前方（圖 2-72）。

2. 上動不停。隨著呼氣，右腳向前併步於左腿內側，落地震腳。雙腿隨震腳同時屈膝併步半蹲；同時，右手持

圖 2-72

圖 2-73

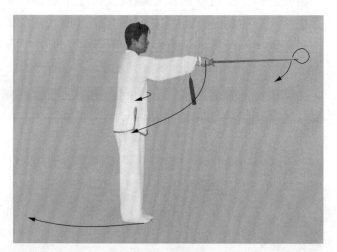

圖 2-74

劍，由身右側向正前方立劍平刺，力達劍尖，劍尖朝前，劍與胸同高；左手劍指隨刺劍的同時迎按於右手腕處；兩臂須半圓，且要外撐。目視正前方，面向東（圖 2-73）。

精編陳式太極拳拳劍刀

也可兩腿伸直站立，右手持劍，直臂前刺（圖2-74）。

【要領】

震腳與前刺劍要協調統一，形成合力。劍隨步進，步助劍威，殫其勁而猛力前刺。猶如白蛇吐信，在瞬間即出。只有周身鬆沉下震，其勁才可抖發至劍尖。

第二十八式　二龍戲珠（烏龍擺尾）

1. 重心移向左腿；右腿以腳後跟內側觸地，向右後方沿地面撤步而出；同時，左腿屈膝下蹲，右腿伸直成右仆步；右手持劍，劍尖逆時針絞劍一周後，右手手心朝上，向右下方抽帶劍；左手劍指手心朝下與右手腕同移。目視劍前，面向東南（圖2-75）。

2. 上動右手劍不停。隨著身體右轉並下蹲，右手持劍，俯身向右下方平劍橫掃，劍身平離地約一腳高，意念橫掃對方腳踝；左手劍指斜架於頭左側，形成左右對開之勢。目隨劍移，面向西南（圖2-76）。

圖2-75

圖2-76

3. 上動不停。右手持劍，順勢從右後方撩劍上提；同時身體隨著上撩劍直立站起，隨之重心右移，身體向右轉；左腿以前腳掌內側沿地面抽回半步，右腿微屈膝下蹲成左虛步；同時，右手持劍，經頭前側逆時針立圓畫弧，掄臂向前下方直臂提腕下點，力達劍尖，劍尖略低於膝；左手劍指附於右手腕處，手心朝後。目視劍尖，面向東（圖2-77）。

圖2-77

4. 身體左轉；左腳以腳跟內側觸地，沿地面向左後方撤步而出；隨之

右腿屈膝全蹲，左腿伸直成左仆步；同時，右手持劍，順時針絞劍後手腕下沉，手心朝上，平劍下按於右腳前，劍尖向前；左手劍指斜架於頭左上側。目視劍身（圖2-78）。

圖 2-78

5. 身體重心左移，並直立向右轉；右腳前腳掌觸地，沿地面抽回半步；左腿隨之微屈成右虛步；同時，右手持劍，沿地面平掃後從左後側提起，經頭前向前下方順時針直臂提腕下點劍；左手劍指斜架於頭左側。目視劍尖（圖2-79）。

圖 2-79

【要領】

掄劈下點劍時要以身帶臂，身械協調一致，右手腕應略上提，直臂前伸才可使力達劍尖。該動意在絞劍下掃，

纏繞引化對方兵器，再蹲身下掃對方腳踝部位。兩腿變換要虛中有實，實中有虛，虛非全然無力，實非全然站定。虛實變換，全在劍法的運行上。身不可亂挪，劍不可亂舞。要以腰為主宰，以意行氣，以氣運劍。絞、掃、提、按、沉、撩、劈、點 8 種劍法要在身形起伏跌宕，胸腹折疊迂迴中巧妙配合，連貫完成。不可有死角，不可有斷勁處。無論前後左右，應顧盼自如，猶如龍盤蛇走、玩水戲珠之狀。

第二十九式　鍾馗仗劍（小魁星）

1. 身體略向右轉；右手持劍，隨腰右旋而劍尖向左擺，使劍身橫截於腹前並立劍平置；左手劍指附於右手腕處；兩腿隨身體右旋成右蓋步交叉，雙腿屈膝略蹲，右腳尖順勢外撇。目視左前方（圖 2-80）。

2. 上動不停。左腳向前邁出一步，左腳掌虛著地，雙腿屈膝略下蹲，重心在右腿成左虛步；右手持劍，手腕外翻，絞劍上舉，立劍上架於頭右上側，手心朝外，劍尖朝前，力達劍身；左手劍指向前直臂伸出，手心朝前。目視前方，面向東（圖 2-81）。

【要領】

擺劍橫截與絞劍上架，其勁由內換，力達劍刃，周身不可鬆散，上架劍與前撐左指要形成對開之勢。兩臂須有掤勁，內含開中有合、合中有開之意。頭要挺起，神要領起，背要後靠，鬆腹沉胯，十趾抓地，要有推之不動、拉之不倒之態。

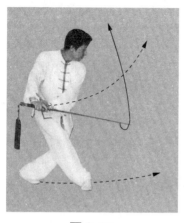

圖 2-80　　　　　　　　　圖 2-81

第三十式　羅漢降龍

　　1. 隨著吸氣，左腳向前進半步，雙腿仍保持屈膝下蹲，站成穩固的右偏馬步；腰隨左腳上步而略向右旋；右手持劍，順勢向右後側抽劍蓄勁，劍尖朝左前方；左手劍指隨之置於右手腕上側，雙手心均朝下。目視左前方，面向東（圖 2-82）。

　　2. 上動不停。隨著呼氣，右手持劍，手腕外翻，手心朝外，經頭前向左前上方直臂翻腕立刃上刺劍，力達劍

圖 2-82

尖，速度由慢加快；左手劍指附於右手腕處；同時左腿屈膝，右腿蹬直成左弓步；上身微向前側身傾斜。目視劍尖（圖2-83）。

圖2-83

【要領】

劍要有盡力向前上方探刺之意，而背部須有後靠之撐勁，以保持立身中正安舒、支撐八面之勢。上刺劍須與呼氣配合，形成發力，以意領氣，以氣催力，力達劍尖。

圖2-84

第三十一式　黑熊反背

1. 在保持劍尖方向不變的情況下，身體向右後轉180°；左手劍指變掌，與右手共同握劍柄，隨轉身先抽收於左肩外上方；雙腿屈膝下蹲成左偏馬步。目視右後方（圖2-84）。

圖 2-85

2.上動不停。隨著呼氣，右腳向前踏半步，左腳緊跟上步，震腳於右腳內側，隨之雙腿屈膝併步下蹲；同時，雙手握劍柄，由左肩上方向前下方隨著震腳發力掄臂下劈，速度由慢加快，力達劍刃，劍與腹同高。目視正前方，面向西（圖 2-85）。

【要領】

震腳與下劈劍同步完成。下劈劍時要呼氣下沉，鬆沉震腳。在轉身時，須蓄勁待發，加強反彈之勁。下劈要以腰帶臂，勁由脊發，勁力直達劍刃，有力剁金石之勢。

第三十二式　燕子啄泥

1.身體向左後方轉 180°；左腳隨即向前邁一步，雙腿屈膝下蹲成右偏馬步；左手劍指向左側外擺撐開；右手持劍，提帶於右後方，劍尖斜向右後下側。目視左前方（圖2-86）。

圖 2-86

2. 上動不停。右腳向左腳內側併攏，並以前腳掌虛著地，隨之兩腿併步屈膝下蹲；同時，右手持劍，掄臂由後方經頭右側，向前下方直臂提腕下點劍，劍尖略低於膝，力達劍尖；左手劍指迎附於右手腕處，手心朝下。目視劍尖，面向西（圖2-87）。

【要領】

轉身跨步應輕靈敏捷，反身顧後，後步變前步，前步作後步，應在瞬間完成。點劍須力點準確到位，力達劍尖。兩臂須平伸，腕須上提。背須後靠，胸須含回，神須領起。

圖 2-87

精編陳式太極拳拳劍刀

第三十三式　蜻蜓點水

1. 身體向右轉；右腳隨之向右後側邁出一步，雙腿仍保持屈膝下蹲狀，成左偏馬步；右手持劍，隨轉身向右斜抽，立劍斜置於左肩外側，劍尖朝後下方；左手劍指向左側身後撐擴。目視右側（圖 2-88）。

2. 上動不停。左腳向右腳內側跟進步半，以前腳掌虛點地，隨之雙腿屈膝併步下蹲；同時，右手持劍，從左側經頭前順時針直臂提腕向右側下方點劍，力達劍尖，手臂應與肩同高；左手劍指斜架於頭左上方。目視劍尖，面向南（圖 2-89）。

【要領】

轉身要輕靈，點劍要輕巧。直臂提腕，一點即止。在步法上須分清左右虛實互換。點劍時仍須立身中正，沉肩含胸，力達劍尖。

圖 2-88

圖 2-89

第三十四式　黃龍轉身

身體疾速左轉；左腿隨轉身向左前方邁出一大步（向東南方）；右手持劍，以右手腕為軸，劍尖順時針絞劍一周後，迅速經由身體前下方穿劍，隨之向左前下方平劍洗剌，掌心朝上；左手劍指擺下並斜按於左腰側，手心朝下；雙腿均屈膝成左半弓半馬步。目視前方，面向東南（圖 2-90）。

圖 2-90

【要領】

轉身應迅猛，出劍要神速，猶如龍行，悄

精編陳式太極拳拳劍刀

無聲息。劍要隨轉身順勢穿出。

　　從「黑熊反背」開始到此有幾度轉身，全在於身靈步活。劍法左劈右刺、前點、後提、上撩、下穿全在步法周旋。劍之將動，早已有步法催迫；在不期然而然中，劍欲動而步法隨；步欲動而劍法顯。變式中，前步變後步，後步作前步，前進步，後撤步，左顧右盼步，進退反側，非步法難以作鼓動之機；劍法轉換，非步法難以示變化之妙。故必須在腰旋步轉中求知識。

第三十五式　靈貓撲鼠

　　1. 右腳向前跨出一步，在左腳內側落地震腳；同時左腳疾速提起，並微提離地面，隨之雙腿屈膝微下蹲，含胸縮身；右手持劍，向懷中抽帶劍；左手劍指變掌，與右手合抱劍，協助抽劍，劍尖方向不變，仍朝前下方，面向東南（圖2-91）。

　　2. 上動不停。隨著短促呼氣，左腳向前大跨步，並隨之屈膝成左弓步；右腳緊跟搓地前行；同時，雙手抱劍，向前下方直臂猛力平劍洗刺，身微前傾，力達劍尖，意達劍前。目視前下方，面向東南（圖2-92）。

圖2-91

圖 2-92

【要領】

「靈貓撲鼠」意在猛撲。雙手合抱與震腳回抽劍要形成合力，意在引開對方兵器，然後再沉穩敏捷地快速向前洗刺。疾速而準確，勁整而力足，猶如撲鼠之貓，力達劍尖，而意要直達劍前。短促的呼氣與右腳搓地前行，都是為了以助劍威，但前刺仍須有背向後靠之意，以保持彈力。

第三十六式　大鵬展翅

1. 隨著吸氣，右手持劍，以腕為軸，逆時針絞劍一小周，手心朝上；同時，右腿收回，右前腳掌虛點地，雙腿併步屈膝下蹲；左手劍指附於右手腕處，手心朝下。目視劍尖（圖 2-93）。

2. 上動不停。身向右轉；右腳向右後側撤步，並隨之屈膝成右弓步，左腿漸蹬直；同時，右手持劍，隨右腿經

圖 2-93　　　　　　　　圖 2-94

膝前向右側平劍斜掃，速度由慢漸快，猶如拉線撕棉；左手劍指向左側撐擴。目隨劍移，面向南（圖 2-94）。

　3.上動不停。右手持劍，繼續逆時針立圓畫弧，經頭前向左下側斜格劍，手心朝上；同時，左腿向右腿前蓋步，並隨之屈膝下蹲成半歇步；左手劍指附於右手腕處，手心朝下。目隨劍移，面向南（圖 2-95）。

　4.上動不停。隨著呼氣，右腳向右前方跨一大步，隨之屈膝下蹲成左仆步，左腿蹬直；

圖 2-95

圖 2-96

右手持劍，隨著右腳跨出，向右上方平劍直臂迅猛斜削，手心朝上，與頭同高；左手劍指屈臂向左側撐按，兩臂形成對開之勢。目視劍前，面向西（圖 2-96）。

【要領】

右手持劍掄臂畫弧，要與身腰步法協調一致，其勁如抽絲，勁由內換。在絞劍畫弧中須旋膀轉腕，旋腰轉胯，猶如旋緊的彈簧，蓄勁待發。一旦展臂，勁如放箭，其彈抖之力直達劍身。左手後撐，鬆肩垂肘，以保持中正安適、不偏不倚之勢。

第三十七式　鷹熊鬥智

1. 左腿向右腿前側蓋步交叉；右手持劍翻腕，使劍尖朝右下方直臂順時針掛劍，劍尖向左後方；左手劍指穿插於右腋下，手指朝上。目隨劍移（圖 2-97）。

2. 上動不停。右手持劍，繼續沿順時針方向由左下側

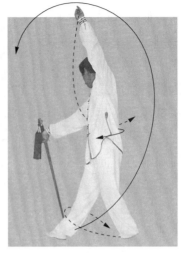

圖 2-97　　　　　　　　　　　圖 2-98

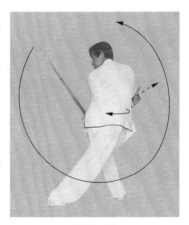

向上經頭前向右前側掛劍；左
手劍指上擺，停於頭左側；同
時身向右轉；右腳順勢向前邁
一步，腳尖外撇。目隨劍移，
面向西（圖 2-98）。

　　3. 上動劍不停。左腳向
前，經右腿前側，隨身體右轉
而繞轉一周，蓋步交叉於右腳
前；右手翻腕，繼續使劍隨身
體旋轉而經右側下方掛劍，再
沿逆時針方向經右後側及頭上

圖 2-99

方再向左側下劈；左手劍指置於右腋下。目隨劍移，面向
北（圖 2-99）。

　　4. 上動不停，身體繼續向右旋轉；右手持劍，由身體

左後側經腹前向右上方撩劍，並上架於頭右後側，劍尖斜向前；雙腿因轉體而成左虛步；左手劍指向正前方推出，手心向前，劍指向上。目視前方，面向東（圖2-100）。

圖2-100

5. 上動不停。右手持劍，繼續向身後畫弧下劈，再經下方向前上方掛劍，劍尖朝後；同時，右腳隨劍直腿上踢，與頭同高，腳尖勾回，頭稍後仰；左手劍指橫攔於胸前，手心朝前，面向東（圖2-101）。

6. 上動不停。右手持劍，繼續沿圓弧向身後直臂反腕下穿劍；同時，右腳向前落地，腳尖外撇，隨即身腰向右旋扭，成右蓋步交叉；左手劍指展臂，向頭左上方撐擴，與右手形成

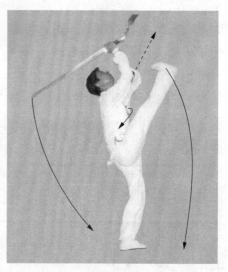

圖2-101

精編陳式太極拳拳劍刀

圖 2-102

圖 2-103

對開之勢。目隨劍移，面向南（圖 2-102）。

7.上動不停。身、腰繼續右旋；左腳順勢經右腿前繞轉一周，並蓋步交叉於右腿前；同時，右手持劍，隨身體旋轉由身後向上掛劍，並回抽於左肩側，劍尖向上，手心朝內；左手劍指附貼於右臂肘下側，手心朝外。目視左下方，面向西南（圖 2-203）。

8.上動不停。右腳略向裡收，隨之雙腿屈膝全蹲成歇步；右手持劍，垂直下插立於身左外側，劍尖朝上，手心朝裡；左手劍指手心向外，仍置於右臂肘外側，意為以劍護住身體之狀。目視左前側，面向南（圖 2-104）。

圖 2-104

【要領】

前後左右掛劍，猶如車輪滾動，圓活灑脫，開合交錯，上下相隨，其關鍵在腰，運動在步。步隨腰旋，劍隨步行，掄臂掛劍中變化萬千，周身不可有抽扯與停滯之像，全在於腰旋步換，劍動步移，步動劍隨，要步到劍到、意到神到。

第三十八式　黃蜂入洞

1. 隨著吸氣，兩腿漸漸蹬直變成右蓋步交叉，身體起立；右手持劍，先向下劈，再倒提於頭右側，劍尖朝下；左手劍指附於右肘內側。目視左下方，面向西（圖 2–105）。

2. 上動不停。兩腳不動，腰向右旋一周；右手持劍，隨腰轉過並向右提於身右側，劍身橫攔於胸前，劍尖朝左下方；左手劍指隨身擺動，置於身左側，面向南（圖 2–106）。

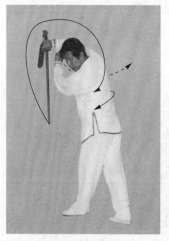

圖 2-105

圖 2-106

3.上動不停。右手持劍，順時針立圓畫弧，向右側斜劈，然後再屈肘抽帶劍，收於腹前，劍尖朝前下方，手心朝上；左手劍指附於右手腕處，手心朝下，雙臂半圓合攏；同時，右腿屈膝上提，腳尖上翹。目視前下方，面向西南（圖2-107）。

圖2-107

4.隨著呼氣，右腳向前邁出並落地震腳，隨之屈膝下蹲成右弓步，左腿蹬直；同時，右手持劍，向前下方平劍猛力洗刺，力達劍尖，上身略向前撲；左手劍指附於右手腕處。目視劍尖，面向西南（圖2-108）。

圖2-108

踏步震腳與洗刺要協調一致，同時完成。劍向前刺，背向後撐，十趾抓地，下盤沉穩，左腳跟不可抬起。有探刺對方下肢之意。

第三十九式　摘星換斗

1. 身向右轉，塌腰後坐；右腳順勢向右後方撤步，隨之雙腿屈膝下蹲成右偏低馬步；同時，右手持劍，逆時針快速絞劍一小周後，隨腰右旋向腹前緩緩抽帶下格劍，勁由內換，不失掤勁；左手劍指附於右前臂處，雙臂圓撐。目隨劍移，面向西北（圖2-109）。

圖2-109

2. 上動不停。身體繼續向右轉；右手持劍，隨腰右旋，經雙膝前向右下方直臂橫掃，其勁如推銼，手心朝上；同時，重心隨劍右移，然後以劍尖向上猛力崩劍，再懸腕橫挑，

圖2-110

劍尖斜向上；隨之重心向左腿偏移，雙腿屈膝下蹲成左偏低馬步；左手劍指向左上方橫展斜架於頭左側，與右手劍形成對開之勢，身微右傾。目隨劍移，面向東北（圖2-110）。

【要領】

橫掃劍與屈臂崩劍中間不可有斷續，要始終保持內勁不丟。劍隨步出，步隨劍移；既有沾黏連隨之意，又有崩彈抖擊之勢。

第四十式　金雞抖翎

1. 隨著吸氣，右手持劍，屈臂上舉於身右側。劍身垂直，劍尖朝上，並隨腰右旋而順纏一周絞劍，再略向右腰側收回，手心朝裡，劍面朝外；同時，右腳隨劍收攏於左腳內側，兩腿屈膝併步下蹲，重心偏左，右腳稍虛；左手劍指附於右手腕處，手心朝下。目視右前方，面向東北（圖2-111）。

2. 隨著呼氣，右腳快速向右前方跨步，並落地震腳；左腳順勢向前搓地而出，隨之兩腿屈膝下蹲成低馬步；同時，右手持劍，在腰勁帶動下，以劍身順時針纏絞一周後，向右側以劍面向前猛推格擊，力達劍身；左手劍指協調動作，向左側身後發力，兩臂撐圓，兩手形成對開之勢。目視右前

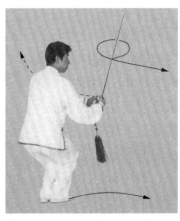

圖2-111

方，面向東北（圖2-112）。

【要領】

右腳邁步要大，馬步架勢應低，襠口應開而上提。纏絲絞劍為蓄勁過程，應以腰旋轉來帶動絞劍，蓄而後發，猶如以劍沾黏對方兵器後引化開再發勁。橫格劍應使兩臂撐圓，背向後靠。剛柔相濟，用剛而不可失柔，無柔則絞劍難與對方相纏；

圖2-112

柔中又不可無剛，無剛則催逼發力不捷。故應在推發劍時做到剛而不僵，柔而不散。神要領起，氣勢要催人；尾閭中正，不偏不倚；勁整力足，一氣鼓蕩。

第四十一式　海底撈月

1. 身向左轉；左腳順勢向後撤一大步，隨之蹬直，右腿屈膝下蹲成右弓步；右手持劍，隨腰左旋並順勢俯身，由右上方經頭前向左臂外下側順時針穿掛劍，手心朝裡；左手劍指協調動作，附於右肘下側，手心向右。目隨劍

圖2-113

精編陳式太極拳拳劍刀

移，面向東南（圖
2-113）。

2.上動不停。
右手持劍，右臂順
纏，繼續沿弧線由
左後側向上經頭前
向前下方順時針穿
掛劍，手心朝外；
同時，腰向右旋，
右腳順勢向後撤步
並蹬直，左腿屈膝
下蹲成左弓步；左

圖 2-114

手劍指向左上，擺於頭上側，手心朝上，形成左右對開之
勢。目隨劍移，面向西（圖 2-114）。

3.上動不停。身、腰繼續右旋；右手持劍，繼續由身
前經右側下方向
右上方逆時針穿
掛劍一周，手心
朝外；上身向左
側傾俯；左手劍
指隨腰轉動，橫
擺於頭左下側。
目隨劍移，面向
北（圖 2-115）。

圖 2-115

圖 2-116

4. 上動不停。隨著呼氣，上身向左側傾斜；左腿屈膝全蹲，右腿鋪直成右仆步；右手持劍，使劍尖朝前，右臂逆纏內旋，使劍身順著右腿內側沿地面翻腕下穿劍，劍尖以不觸及地面為準，手心朝後；左手劍指向左側撐開，形成對開之勢。目隨劍移，面向北（圖 2-116）。

5. 上動不停。重心沿下圓弧隨著穿劍向右偏移，身體漸起並向右轉；右腿漸漸屈膝成右弓步，左腿伸直；然後重心再向左偏擺，下蹲成左偏低馬步；右手持劍，右臂順纏內旋，使劍身滾動向前下方刺出，並有向上

圖 2-117

精編陳式太極拳拳劍刀

提托之勁；十趾抓地，背向後撐，手心斜向上，劍尖略低於膝部；左手劍指後撐於頭左後側，手心斜向上。目視劍尖，面向東北（圖 2-117）。

【要領】

「海底撈月」重在「撈」上。最後的翻腕穿掛劍，再向上提托，必須使身體三合對應，手與腳合，肘與膝合，肩與胯合，其勁力才顯順達。劍隨身轉，緊貼地面下穿劍，再滾劍前刺，要求胸、腰迂迴折疊。重心左右轉換要分清虛實，掄臂掛劍要腰活身靈，兩臂掄轉如車輪。周身以腰為軸，滾動如球。在忽然滾劍纏繞前刺時，要勁起於腳跟，主於腰間，發於劍尖。左手劍指要與劍協調配合。

第四十二式　夜叉探海

1.上動不停。隨著吸氣，重心後移於左腳，右腿擦地回抽，屈膝微提於左腿內側，左腿屈膝半蹲；同時，右手持劍，以劍尖逆時針絞劍一小周後，隨即向懷中抽帶劍，意在引化斜攔對方兵器，右手心朝上；左手劍指附於右手腕處。目視劍尖，面向東（圖 2-118）。

2.右腳向前躍步，落地踏實；隨之左腳緊跟上步，並靠於右腳內側，左腳前腳掌虛著

圖 2-118

地，雙腿屈膝併步下
蹲；同時，右手持劍，
手心朝上，疾速向前下
方直臂平劍洗刺，力達
劍尖，劍尖略低於膝；
左手劍指斜架於左側，
手心朝外。目視劍尖，
面向東（圖2-119）。

圖2-119

【要領】

「夜叉探海」意在
直臂盡力前探。練時無人當有人，意念以劍相絞，斜攔對
方兵器撤身引帶，順勢疾速襲擊對方下肢。進步須進身，
躍步進身要疾速敏捷。劍由心發，以身催劍，劍一動百骸
皆隨，一收統身皆收，出劍、收劍緊隨身。

第四十三式　犀牛望月

1.隨著吸氣，兩
腿先左後右相繼向空
中躍起，右腳向前蹬
出；同時，右手持
劍，以劍尖順時針絞
劍一周後向懷中抱
劍；左手劍指協助合
抱於劍柄處。目視前
方，面向東（圖2-
120）。

圖2-120

2. 上動不停。兩腳向前落地，右腳在前，腳尖外撇；左腳在後，成右虛步；同時，雙手捧劍，向前下方直臂發力刺劍，手心斜朝上。目視劍尖，面向東（圖2-121）。

圖 2-121

3. 上動不停。隨著呼氣，身向右轉；兩腿屈膝全蹲成歇步；右手持劍，順勢向上掛劍，然後向右肩後側立劍反刺，手心朝裡，劍略高於肩；左手劍指附於右手腕部，手心朝外。目視劍尖，面向南（圖2-122）。

圖 2-122

【要領】

絞劍躍起須縮身，應當身輕如燕；落地探刺應靈敏快捷。回身歇步反刺須沉肩屈肘，臂半圓，腋半虛，含胸收腹，斂胯提襠，要虛領頂勁，身正步穩。

第四十四式　疾風掩草

1. 隨著吸氣，身體起立；右腿隨之屈膝上提，左腿微下蹲；同時，右手持劍，由右側經頭前向上逆時針撩劍，然後向左側劈劍，再順勢收提於胸、腹前，劍尖朝前下方；左手劍指協調動作，斜架於頭左側。目隨劍移，面向西南（圖2-123）。

2. 上動不停。右腳向右側大跨一步，雙腿隨之屈膝下蹲，重心向右移成右偏馬步；同時，右手持劍，順勢向左側斜削，劍尖朝左，右手心朝上；左手劍指附於右手腕處，手心朝下，置於腹前。目視劍尖，面向南（圖2-124）。

3. 上動不停。隨著呼氣，左腳向右腿後面插步，隨之兩腿屈膝全蹲成歇步；同時，右手持劍，由身左側向右下方沿地面平劍斜掃，力達劍刃，手心朝下；左手劍指向左側斜架，兩臂形成對開之勢，身微前傾。目隨劍移，面向南（圖2-125）。

【要領】

繞劍畫弧要鬆肩活肘，以腰帶動來協調步法。劍進腿進，開合有序，形神一致，歇步沉穩。畫弧撩劍要靈活，歇步橫掃劍要快捷有力。意在劍刃，力如推銼，好似引開對方兵械乘隙而擊。

圖2-123

精編陳式太極拳拳劍刀

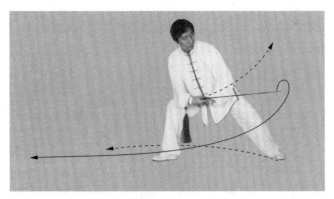

圖 2-124

圖 2-125

第四十五式　中盤勢

1. 身體起立；左腿蹬直，右腿屈膝提起成左獨立步；同時，右手持劍，手腕裡翻，手心朝上，逆時針由右向左後側回抹劍；左手劍指附於右手腕處，手心朝下。目隨劍移，面向南（圖 2-126）。

圖 2-126

2. 上動不停。右腳向右側大跨一步，隨之屈膝成右弓步，左腿蹬直；右手持劍，由左後側隨右腳落地的同時，經身前下方向右前方斜削劍；左手劍指側架於頭左側，與右手形成對開之勢。目視劍前，面向西南（圖 2-127）。

3. 上動不停。右手持劍，順勢向上崩挑劍，力達劍身，手心朝裡且置於膝前，劍尖斜向上；同時，重心左移，兩腿屈膝下蹲，定勢成左偏低馬步；左手劍指斜架於頭左側，手心斜向外。目

圖 2-127

圖 2-128　　　　　　　圖 2-129

視劍身，面向西（圖 2-128）。

【要領】

落步前掃劍，其勁猶如撕棉，出劍彈抖時，其勁由腰發，形於手。定勢為偏低馬步，要求三合對應，手腳相對，肘膝相對，圓襠扣膝，立身中正。一把長劍要做到上護頭、下護腳；守住中線，護住門戶，故名「中盤勢」。此式為劍法中定勢樁功。

第四十六式　左托千斤

1. 右腳向左側橫邁一步，在左腿前蓋步交叉；同時，右手持劍，手心朝上，順時針向下畫弧，再平劍向左側斜帶於腹前；左手劍指附於右手腕處，手心朝下，兩臂舉圓，不失掤勁。目視劍身，面向西（圖 2-129）。

2. 上動不停。隨著呼氣，左腳向左側橫跨一步，然後兩腿微屈膝，站成三體式樁步；同時，右手與左手合握劍

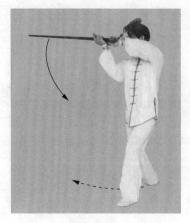

圖 2-130

圖 2-131

柄，由腹前順時針向左側上方盡力上托劍，力達劍刃，劍
尖朝右前方，劍身平，略高於肩，劍刃朝上，右手心朝
裡，左手心朝外；右腳隨上托之勢蹬地前移，以助托力。
目視劍身，面向西（圖 2-130）。

【要領】

同下動。

第四十七式　右托千斤

1. 右腳先向右側斜跨一步，隨之重心右移，右腳尖外
撇；同時，右手握劍，由左上側逆時針向下畫弧，截削於
腹前，力達劍刃；左手劍指附於右手腕處。目隨劍移，面
向西（圖 2-131）。

2. 上動不停。左腳向右側橫跨一步，在右腿前蓋步交
叉；同時，右手握劍，繼續由腹前向右側畫弧削劍，力達
劍刃；左手劍指仍附於右手腕處。目隨劍移，面向西（圖

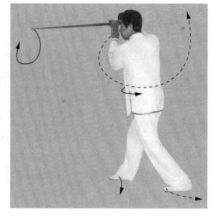

圖 2-132　　　　　　　　圖 2-133

2-132）。

3.上動不停。隨著呼氣，右腳向右側橫跨一步，隨之
重心右移，雙腿微屈膝站成三體式椿步；同時，右手握劍
柄，向右側上方盡力上托，力達劍刃，劍尖朝左前方，劍
身平，略高於肩，兩手心朝外；左手劍指附於右手腕處；
左腳隨上托之勢蹬地前移，以助托力。目視前方，面向西
（圖 2-133）。

【要領】

左右力托千斤，意在盡「力」上托，有上架力敵對方
重兵器之狀。故腰須挺起，頭須領起，襠須提起，臂、背
掤起，肩須下沉；腳踏地要穩，手握柄要緊。上托時要以
意領氣，以氣催力，形整勁足，還要有撞而不倒、擊而不
散的穩固椿步。

在橫向跨步時要提肛圓襠，腿部肌肉纏絲裹撐，以產
生彈抖之勁。兩腿虛實暗變，不可明顯。

第四十八式　左右截腕

1.身向左轉；左腳向左後側斜撤半步，重心左移；右腳隨之緊跟，向左後側斜抽回半步，並以前腳掌虛點地，雙腿屈膝略下蹲成右虛步；同時，右手持劍，由右上側順時針經胸前環繞一小圓弧，

圖2-134

再向左上側立劍上撩，力達劍前部，劍身略高於肩，劍尖向前，手心向右上方；左手劍指側擺架於頭左上方。目視劍尖，面向西（圖2-134）。

2.身向右轉；右腳順勢向右後方撤一步，重心右移；左腳隨即略向右斜跨半步，並以前腳掌虛著地，雙腿屈膝略下蹲成左虛步；右手持劍，逆時針纏繞一小周後，經胸前向右上側立劍翻腕上撩劍，力達劍前部，劍身略高於肩，劍尖朝前，手心向外；左手劍指附於右手腕處。目視劍尖，面向西（圖2-135）。

【要領】

「截腕」意在截撩對方執兵器的腕部，故應輕靈圓活，力點準確，重在「巧」上。因此步法要活，變化要快而敏捷。與上動「力托千斤」相比，雖然均為橫向移步，

都屬左顧右盼，兩腿虛實互換，都須注意襠口要圓，胯位要活，但截腕力點在劍刃前部，而上動「力托千斤」力點在劍刃後部。截腕以輕巧偷襲取勝，力托千斤卻注重功力克敵。截腕要求兩腿虛實分明，力托千斤更強調兩腿虛實暗換。

圖 2-135

第四十九式　橫掃千軍

1. 身向右後轉；右腳向後側斜出半步，右腿屈膝下蹲成右弓步，左腿蹬直；右手持劍，隨著轉身邁步，經頭前向身後立劍下劈；左手劍指協調配合右手向左側斜架，兩手形成對開之勢。目視劍前，面向東（圖 2-136）。

圖 2-136

2. 上動不停。身向左轉，重心左移；左腿漸屈成左弓步，右腿漸漸蹬直；同時，右手持劍，手心朝上，由右後側經腹前向左臂肘下平劍穿刺；左手劍指屈臂橫置於胸前，手心朝下。目隨劍移，面向西北（圖2-137）。

圖2-137

3. 上動不停。左腿屈膝保持不動；右腿隨即抽回，屈膝提起貼附於左腿內側；右手持劍，繼續由左側向前畫弧平抹；左手劍指保持不動。目隨劍移，面向北（圖2-138）。

4. 上動不停。身向右轉；右腿向右後側橫跨一步，並

圖2-138

精編陳式太極拳拳劍刀

屈膝下蹲成右弓步，左腿隨之蹬直；右手持劍，手腕裡翻，手心朝上，繼續向右畫弧，由左前方翻腕向右後側平劍直臂橫掃，劍與胸、腹齊平；左手劍指屈臂側架於頭左側。目視劍前，面向東（圖2-139）。

【要領】

右手持劍，在連續完成劈、穿、洗、掃、斬等劍法時須與身法協調一致，連貫完成·向左穿劍時應含胸收腹，身向後閃；直臂右斬劍又要展身前探。劍的運行，好似蛇盤龍走，沉穩而敏捷，目隨劍移，步隨劍動，開合有序，力達劍刃。

第五十式　金針倒掛

上動不停。重心左移；左腿屈膝下蹲，右腿隨之屈膝提回，收靠於左腿內側；右手持劍，逆時針畫弧，由右側經由頭前上方向左臂外側下栽劍，使劍尖垂直朝下，然後

圖2-139

再上提劍置於身左側，右手心朝前；左手劍指橫架於胸前，左手腕與右手腕相搭，手心朝前，劍指向上。目視劍尖，面向西（圖2-140）。

圖2-140

【要領】

收腿栽劍，要含胸縮身，輕靈敏捷，高擎低取，開合有序，一開全開，一合皆合。

第五十一式　鳳凰旋窩

1. 身向右旋；右腳順勢向右後側撤步落地，腳尖外撇；右手提劍，劍尖垂直朝下置於身左側，劍尖略低於膝，兩手腕保持相搭之狀，同時隨身體向右環繞截攔。目隨劍移，面向東（圖2-141）。

2. 上動不停。身體繼續向右旋轉90°；同時，左腳屈膝略上提離地面，以右腳為軸，隨身體右轉，從右腿前環繞一周，右腿微屈膝下蹲；右手提劍，劍尖仍垂直朝下，雙手腕仍相搭，同時繼續向右環繞截攔。目隨劍移，面向南（圖2-142）。

【要領】

「鳳凰旋窩」重在「旋」字。身旋、腿旋、劍也旋。其身法全在於步法周旋，不論大身法旋轉或小身法過角，均應以靈動敏捷為尚。靈不靈在於步，活不活仍在於步。本動作可多旋轉一周，要練出飄逸瀟灑之態，才為上法。

圖 2-141

圖 2-142

第五十二式　黃蜂點蕊

1.上動不停。隨著吸氣，左腳向右前方落地，上身繼續向右後旋轉一周；隨之右腿屈膝上提成左獨立步；右手持劍，經左肩側上提於頭左側；左手劍指協調動作，向下斜按於左胯側；身略向後仰，以蓄其勢。目視右前方，面向南（圖2-143）。

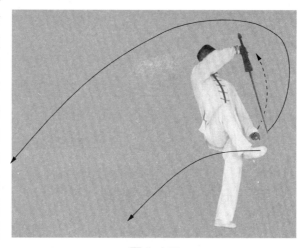

圖 2-143

圖 2-144

2. 上動不停。隨著呼氣，右腳向右側大跨步落地，隨之屈膝下蹲成右弓步，左腿蹬直；同時，右手持劍，由身體左側向右前下方掄臂提腕立劍下點，力達劍尖，右臂平直，臂與肩齊平，劍尖低於膝；左手劍指向後斜架於頭左後側，略高於頭，手心朝上。目視劍尖，面向西（圖 2-144）。

【要領】

「黃蜂點蕊」重在「點」字。緊接上動旋轉，再提腿仰身，提劍掄臂，其意義全在於蓄勁下點，速度由慢增快，疾速點擊，一點即停。定勢為右弓步，要沉穩，不可有一絲虛晃。

第五十三式　白猿獻果

1. 隨著吸氣，身體略向上後仰；右腳前腳掌觸地，沿地面順勢抽回半步，左腿微屈膝，右腿繃展；同時，右手

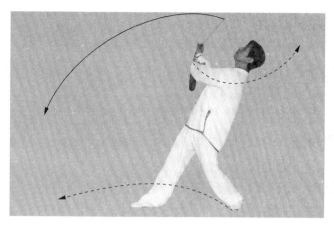

圖 2-145

持劍，由下向左、再向上順時針畫弧，經額前向右平雲劍；左手劍指協調動作，附於右手腕處。目隨劍移，面向西（圖 2-145）。

2. 上動不停。右手持劍，繼續沿順時針向右、向下畫弧，然後向前平抹，劍尖朝前，高與胸、腹相同；左手劍指協調動作，架於頭左上側；同時，左腳順勢進一步，隨之右腿微屈膝下蹲。目隨劍移，面向西（圖 2-146）。

3. 上動不停。左手劍指變掌，與右手合抱劍柄，雙手心朝上，合力向懷中抽抱劍，雙手略偏置

圖 2-146

於腹左側。目視
劍前，面向西
（圖2-147）。

4. 上動不
停。隨著呼氣，
雙腿屈膝下蹲成
歇步；同時，雙
手抱劍，以平劍
向正前方推銼
劍，力達劍刃，

圖2-147

劍尖朝前，劍身平，高與胸齊，雙臂半圓，腋半虛，上下
不失」勁。目視正前方，面向西（圖2-148）。

【要領】

仰面雲劍是近距離對敵動作，更要求身體協調，腰活
步穩。雲劍動作不求大而求巧，以引化為主。歇步向前刺
要講究一個寸勁，即意到、氣到、劍到的三合歸一。前攻
一丈不為遠，
取勝只在一寸
間。短距離兵
器取勝，全憑
進步。銼劍用
法講究兩臂掤
勁不丟，如推
銼之勁，功夫
贏人。

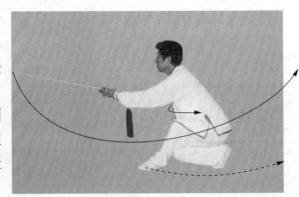

圖2-148

第五十四式　落花勢

1. 身體直起，隨之向左旋轉；左腳順勢向左後方沿地面滑移撤步，兩腿自然微屈膝下蹲；右手持劍，手心朝上，平劍向左後方甩臂平掃，力達劍身，劍與胸、腹齊高；左手劍指附於右手腕處，手心朝下。目隨劍移，面向東南（圖2-149）。

圖 2-149

2. 身體向右旋轉；右腳順勢向右後方沿地面滑移撤步，兩腿自然微屈下蹲；同時，右手持劍，手腕下翻，手心朝下，由左後側隨轉體平劍畫弧，甩臂向右後方平掃劍，力達劍刃，劍尖朝右後方；左後劍指協調動作，屈臂斜架於左側。目隨劍移，面向東北（圖2-150）。

圖 2-150

3. 身體再向左旋轉180°；左腳再隨左轉身向左後方撤步；右手持劍，手心朝上，平行畫弧，向左後方甩臂平掃；左手劍指附於右手腕處，手心朝上。目隨劍移，面向東南（圖2-151）。

圖 2-151

4. 身體再向右旋轉180°；右腳再隨右轉身向右後方撤步；右手持劍翻腕，手心朝下，平劍畫弧，甩臂再向右後方直臂平掃；左手劍指協調動作，斜架於身左側。目隨劍移，面向東北（圖2-152）。

【要領】

「落花平掃」重

圖 2-152

在「掃」字，好似手拿掃帚，橫掃殘花落葉。其動作主宰於旋腰轉胯。右手劍要有向兩側捋帶引化的作用，要細心體察劍在運行中力量的微妙變化。手臂不可丟失掤勁。撤步時要身正襠圓，步穩腰活。神要領起，胸要挺起，背要

後靠，胯要橫開，目隨劍移，劍隨腰轉，有氣勢騰然、八面支撐的神韻，還要有順風流暢、瀟灑飄逸的感覺。

第五十五式　上下斜刺

1. 身向左轉；右腳順勢向左前方邁出一步；同時，右手持劍，手腕裡翻，逆時針絞劍一小周，向左側平抹後再抽帶劍於腹前，劍尖朝前，手心朝上；左手劍指附於右手腕處，手心朝下。目視劍前，面向西（圖 2-153）。

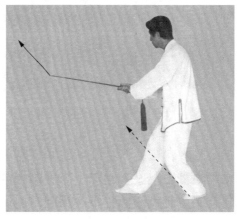

圖 2-153

2. 上動不停。右手持劍，由腹前向右上方平劍直臂斜刺，力達劍尖，手心斜向上，劍尖不高於頭；左手劍指附於右前臂處，手心朝下；同時，左腿屈膝上提成右獨立步，上身微前探。目視劍尖，面向西北（圖 2-154）。

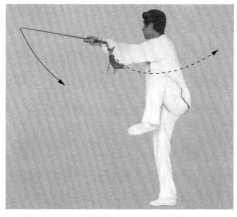

圖 2-154

圖 2-155　　　　　　　　圖 2-156

3. 腰向左旋，身略向前傾；左腳裡扣於襠處；右手持劍，隨身體左旋，向左下方斜削後翻腕直臂回抽，劍身與肩齊平，劍尖略低於肩，指向左下側；左手劍指直臂側擺於身左側。目視左下方，面向南（圖 2-155）。

4. 右腿屈膝全蹲，左腳內側觸地，沿地面向左前側擦地而出，直腿平鋪成左仆步。目視左前方，面向南（圖 2-156）。

5. 重心左移；左腿漸屈膝成左弓步，右腿漸蹬直；同時，右手持劍，由右側向左下方直臂斜刺，力達劍尖，手心斜向上，身略前傾，劍尖略低於膝；左手劍指附於右前臂處，手心朝下。目視劍尖，面向東南（圖 2-157）。

【要領】

上下斜刺，意在直取。勁發於腳跟而形於劍端，要在引化中求直刺；先蓄勁而後發放。胸、腰折疊，起伏跌宕，閃展迂迴，全在腰腿穩固不可晃動。

精編陳式太極拳拳劍刀

圖 2-157

第五十六式　釣魚勢

1. 身體右轉，重心右移；雙腿屈膝下蹲成右半弓半馬步；同時，右手持劍，手心朝上，隨身體右轉，劍順勢由左下方經膝前向右上方斜削，劍尖與頭同高，然後劍尖逆時針絞劍下纏，使手略高於膝，劍尖略低於膝；左手劍指協調動作，展臂向後撐擴，與右手形成對開之勢。目隨劍移，面向西（圖 2-158）。

2. 上動不停。右手持劍上挑，手心朝上，力達劍身，然後再向後抽帶劍，成劍身平置，劍尖朝前；同時，身體重心稍向後移，並屈體下蹲成左偏低馬步；左手劍指架於頭左上側，目視前方，面向西（圖 2-159）。

【要領】

甩臂斜削重在攻取。意在劍前，力達劍刃。後坐身絞劍，意在劍身，閃讓引化對方襲來兵器。絞劍要柔中帶剛，剛柔相濟，以腰旋轉帶動肩、臂纏繞。一式兩動，全

圖 2-158

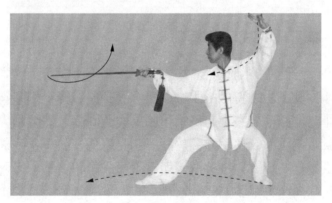

圖 2-159

在於上下隨和，身劍協調，而且定勢為劍術樁功之一，要求三合對應，虛領頂勁，鬆肩沉肘，立身中立安舒，氣向下沉。

第五十七式　探身刺

1.隨著吸氣，左腳向右前方邁出一步；右手持劍，手

精編陳式太極拳拳劍刀

圖 2-160

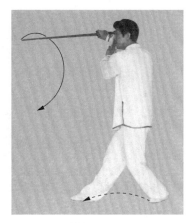

圖 2-161

腕內旋，手心朝裡，立劍順時針剪腕上撩；左手劍指附於右手腕處，雙手置於頭左側，略高於肩，劍尖朝前。目視前方，面向西（圖2-160）。

2.上動不停。右腳向前邁出一步；同時，右手持劍，由左上向下經腹前逆時針剪腕畫弧，再向右上方撩劍於頭右側，力達劍刃，手略高於肩，劍尖朝前，右手心朝外；左手劍指附於右手腕處，手心朝外。目視前方，面向西（圖2-161）。

3.上動不停。右手持劍，繼續剪腕畫弧，由右上方順時針向前下方斜削；左手劍指變掌，與右手合抱劍於腹前，劍身平，劍尖朝前；同時，左腳跟進半步，併步於右腳內側，雙腿屈膝下蹲，身略前傾。目視前方，面向西（圖2-162）。

4.隨著呼氣，雙手抱劍，平劍向前直臂快速洗刺，力達劍尖；同時，右腿蹬直，左腿直腿向後舉起，成探海平

圖 2-162

圖 2-163

衡式；左腳略高於水平，上身前俯略低於水平，左腳背繃
平。抬頭目視前方，面向西（圖 2-163）。

【要領】

雙手剪腕撩劍，意在攪撥對方兵器，故應做到勾掤，
逼攔，閃驚巧取，應在柔中帶剛，以化為主，不可有僵硬

精編陳式太極拳拳劍刀

之處。劍往前刺，腿往後舉，形成前後對開之勢。

第五十八式　鷂子翻身

1. 隨著吸氣，身略左轉；左腳向下落地於右腳內側，並以前腳掌虛點地，隨之雙腿屈膝略下蹲；同時，右手持劍，手腕裡翻，劍從前方向上逆時針撩起，再向左後方截攔於左肩外側，劍尖朝上，手心朝裡；左手劍指屈臂橫置於胸前。目隨劍移，面向西南（圖2-164）。

2. 上動不停。身向右轉；左腳全腳掌著地踏實，隨之右腿屈膝上提，左腿蹬直成左獨立步；右手持劍，由身左側順時針畫弧上撩劍，斜架於頭前；左手劍指直臂後展，撐按於左側。目視右後方，面向東北（圖2-165）。

3. 上動不停。隨著呼氣，右腳向右前方大跨步落地，隨之屈膝下蹲成右弓步，左腿蹬直；同時，右手持劍，由上向右側立劍直臂猛力下劈，力達劍刃，劍尖向前，劍身略低於肩，身略前傾；左手劍指斜架於頭左側。目視劍前，面向東（圖2-166）。

4. 上動可改為後撤左步（圖略）。

【要領】

先縮身下蹲，撩劍回攔是蓄勁待發的過程；一收皆收、合中寓放的過程，速度應由快

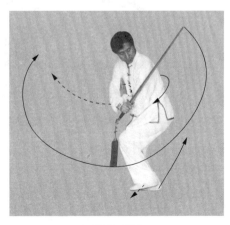

圖 2-164

圖 2-165

圖 2-166

漸慢。直臂下劈，速度應由慢加快，又忽然停頓，是一放皆放、一開皆開、開中寓合的過程。蓄勁猶如拉弓，發勁好似放箭。劈劍要勇猛勁整，身劍協調。

精編陳式太極拳拳劍刀

第五十九式　韋陀獻杵

1. 身向左轉，重心向左稍移；隨之左腿屈膝成右偏低馬步；右手持劍，翻腕下穿，手心朝後下方，劍尖朝前，略低於右膝；左手劍指下擺，斜指向左前方，兩臂形成拉弓之勢。目視左前方，面向西北（圖2-167）。

2. 上動不停。身向左轉；左腳外撇，右腳向左前方上步，併步直立站定；同時，右手持劍，平劍直臂向前穿刺（洗劍），力達劍尖，手心朝上，劍與臂成一直線，與肩同高；左手劍指下按於左腰側，手心朝下。目視劍尖，意達劍前，面向西（圖2-168）。

【要領】

忽然轉身洗刺劍，有轉身突襲之意。右手刺劍與左手回按要有對開之勢，穩中有狠。出劍手要有「推銼」之感覺，回手要有抽絲之勁，還須頂勁上提，氣沉丹田，周身空靈，意達劍前。出劍快而不晃，沉穩雄健。

圖2-167

圖 2-168

第六十式　磨盤劍

　　1. 右手持劍，由前經頭上方向左肩側下劈，手心朝裡；左手劍指協調動作，附於右手腕處；同時，右腿向右前側邁出一步，腳尖外擺；上身略向前俯。目隨劍移，面向西南（圖 2-169）。

　　2. 上動不停。身向右轉；左腳隨轉身向右腿前側邁出，蓋步交叉於右腿前；同時，右手持劍，平劍置於胸、腹間並隨身右轉而向右側平抹帶劍，劍尖朝後。目隨劍移，面向西

圖 2-169

精編陳式太極拳拳劍刀

圖 2-170

圖 2-171

（圖 2-170）。

3.上動不停。身體繼續向右旋轉；右腳隨轉體由左腿後向右側弧形邁出，腳尖外撇；同時，右手持劍，繼續身體右轉而向右平抹帶劍，身略向前俯；左手劍指仍附於右手腕處，協調動作。目隨劍移，面向東北（圖 2-171）。

4.上動不停。身體繼續向右旋轉；左腳提起隨身右旋，

圖 2-172

由右腿前繞環一周，蓋步交叉於右腳前，腳尖外撇；同時，右手持劍，繼續隨身體右轉而向右平抹帶劍，隨之劍尖向前擺出。身略向前傾；左手劍指仍附於右手腕處，協調動作。目隨劍移，面向西南（圖 2-172）。

【要領】

轉體帶劍平抹，全在於腰腿靈活。踏地要穩而敏捷，旋腰要沉而圓活。轉身平抹抽帶，兩臂應不丟掤勁，內勁須施於劍身。腿快則劍迅，腿緩則劍慢，總須身法、步法、劍法協調配合。上、中、下關節對應，而不可鬆懈，意在動前，勁在劍中，有摧枯拉朽之勢。該動作亦可縮為兩步轉身，難度稍大點。

第六十一式　金針指南

1. 上動不停。隨著吸氣，右手持劍，翻腕回帶再收於腹前，手心朝上，劍尖朝前下方；左手劍指附於右手腕處；同時，右腿屈膝上提，腳尖外展成左獨立步，含胸收腹。目視劍前，面向西南（圖2-173）。

2. 上動不停。隨著呼氣，右腳向右前方邁出一大步落地，隨之屈膝下蹲成右弓步，左腿蹬直；同時，右手持

圖 2-173

圖 2-174

劍，隨著右腳前落，平劍向前下方猛力直臂刺出，手心斜
向上，身略前傾，力達劍尖；左手劍指附於右手腕處，手
心朝下。目視劍尖，面向西南（圖 2-174）。

【要領】

跨步出劍，直臂前刺，要有彈抖崩發之勁，其勢如猛
虎撲食，有前撲之意。勁起於左腳跟，而形於劍之端，要
勁整力足，身形不可晃動。

第六十二式　併步還原

1. 腰向左轉，重心左移；兩腿屈膝下蹲成右偏低馬
步；同時，右手持劍，向左側上方屈臂斜削至左胸前側，
手心朝裡；左手劍指變掌，反手迎接劍柄。目視劍柄（圖
2-175）。

2. 左手握劍，反手屈臂，下垂於身左側，上臂略低於
肩，劍尖垂直朝上；右手變劍指，向右上方撩起，側架於

圖 2-175

圖 2-176

頭右側；兩腿屈膝下蹲，仍保持
成低馬步。目視右手劍指，面向
西（圖 2-176）。

3. 左腳收回，併攏於右腳內
側，兩腿直立站定，兩臂自然下
垂；同時左手持劍，反手直臂下
垂，手心朝後，劍尖垂直朝上；
右手劍指變掌，經胸前下按，收
於右胯側，全身放鬆。目視正前
方，面向南（圖 2-177）。

圖 2-177

【要領】

收勢動作可有數種練法，此乃其中一種。不論何種收
勢，均須上下相隨，身劍協調。右手向左手交接劍時要平
順自然，不可有僵直或斷丟現象。併步站定後，要周身放
鬆，萬法歸一，立身中正，心態安舒。

精編陳式太極拳拳劍刀

第三章　精編陳式太極單刀

第一節　精編陳式太極單刀簡介

在陳式太極拳理論指導下的陳式太極單刀，仍要認纏絲練法為主，同樣要具有剛柔相濟、快慢有節、纏繞崩抖、起伏跌宕的風格特點。

在刀法上，重點突出使用「劈、砍、撩、截（攔）、鏟；纏（裹）、抹（雲）、挑、扎、崩（抖）；撾、剁、剪」十三種刀法。同時相配有十三勢老架，故又名「太極十三刀」。

該套路在原來老架刀法的基礎上進行適當的動作調整和修改，全套路有 40 個動作。在練法上不但保留和突出了陳式太極刀老架的特點，而且內容更為豐富，演練起來更加精彩美觀，也具有一定的難度，適合有一定武術功底的人演練或研究，亦可供初練者參考。

第二節　精編陳式太極單刀
刀法術語詮釋

在該套路中，共涉及到二十多種刀法。這些刀法有相對固定的使用法則，解釋如下。

1. 纏頭刀　右手持刀，右臂彎曲，刀尖下垂，刀刃朝外，刀脊沿左肩貼著後脊繞過右肩，頭部正直。

2. 裹腦刀　右手持刀，右臂彎曲，刀尖下垂，刀刃朝外，刀背沿右肩貼著後背繞過左肩，頭部正直。

3. **劈刀** 刀由上向下為劈，力達刀刃。臂與刀成一直線。右手持刀，使刀沿身體右側掄一立圓，向前劈下為右掄劈刀。沿身體左側掄一立圓，向前劈下為左掄劈刀。後掄劈刀要求與後轉身協調一致。

4. **砍刀** 劈刀中的一種。刀向右下或左下斜劈為砍，力達刀刃中部。

5. **撩刀** 刀刃由下向前上為撩，力達刀刃前部。正撩前臂外旋，手心朝上，刀沿身體右側貼身弧形向前上撩；反撩前臂內旋，刀沿身體左側向前上方撩出。

6. **截刀** 刀刃斜向上或斜向下為截，力達刀刃前部。

7. **錯刀** 手心朝上，刀刃朝前，刀尖朝右前方，平向後稍壓再向前推出為正銼刀，力達刀刃中後部（舊稱「鑔」）；手心朝下，刀尖朝左前方，稍後壓再向前推出為反錯刀，力達刀刃中前部（舊稱「刮」）。

8. **抹刀** 刀刃朝左或右，由身體向左或右弧形往回抽刀為抹。高度在胸、腹之間，力達刀刃。旋轉抹刀要求旋轉一周以上。

9. **雲刀** 刀在頭頂或頭前上方平圓繞環為雲。雲刀時頭應後仰或身向左側傾斜。

10. **挑刀** 刀背朝上，由下向上為挑，力達刀尖。

11. **扎刀** 刀尖向前直刺為扎刀，力達刀尖（俗稱「捅刀」）。

12. **崩刀** 以腕抖勁，使刀尖猛力向前上方為崩，力達刀尖。

13. **格刀** 刀尖朝下，刀刃朝外，向左右擺動格禣為格刀（俗稱「搕」）。

14. 剁刀 劈刀中的一種。刀由上向下沉腕下劈，力達刀刃根部為剁。臂與刀成一夾角。

15. 剪腕刀 以腕為軸，刀在臂兩側向前下貼身立圓繞環。

16. 撩腕刀 以腕為軸，刀在臂兩側向前上貼身立圓繞環。

17. 點刀 提腕，刀尖猛向前下點，力達刀尖。

18. 斬刀 刀刃朝左或右橫砍，高度在頭與肩之間為斬，力達刀刃，臂要伸直。

19. 掃刀 刀刃朝左或右橫砍，高度應低於膝為掃。

20. 推刀 刀刃朝前，左手附於刀背前部，向前推出。

21. 掛刀 刀尖由前向上、向右或刀尖由前向下、向後為掛。

22. 按刀 左手按於刀背或附於右手腕，刀刃朝下按。

23. 帶刀 刀尖朝前，刀刃朝左或右，由前向側後抽回為帶刀。

24. 握刀 右手或左手緊握刀柄，虎口緊貼護手盤為握刀。

25. 抱刀 左手拇指扣壓護手盤，左臂下垂，刀尖朝上，刀背貼於左臂為立抱刀。刀柄朝前，刀刃朝上或朝外，向前平舉為平抱刀。

26. 捧刀 刀尖朝前，刀刃朝上，將刀平捧於胸前。

第三節　精編陳式太極單刀動作名稱

第 一 式	預備勢	第二十二式	雙震腳
第 二 式	上步操刀	第二十三式	狸貓上樹
第 三 式	護心刀	第二十四式	玉女穿梭
第 四 式	青龍出水	第二十五式	順水推舟
第 五 式	風捲殘雲	第二十六式	撥封滾閉
第 六 式	蟠龍下勢	第二十七式	撩陰刀
第 七 式	霸王舉鼎	第二十八式	八卦劈刀
第 八 式	黑虎搜山		（八方刀）
第 九 式	蘇秦背劍	第二十九式	白鶴亮翅
第 十 式	金雞獨立	第 三 十 式	反背獨立
第 十一 式	腰斬白蛇	第三十一式	三星開合
第 十二 式	日套三環	第三十二式	披身斜掛
第 十三 式	撥雲望日	第三十三式	橫掃千軍
第 十四 式	撥草尋蛇	第三十四式	懷中抱月
第 十五 式	青龍探爪	第三十五式	白猿獻果
第 十六 式	秋風掃葉	第三十六式	拖刀敗走
第 十七 式	燕別金翅	第三十七式	仙人指路
第 十八 式	夜叉探海	第三十八式	猛虎甩尾
第 十九 式	樵公砍柴	第三十九式	手揮琵琶
第 二 十 式	白蛇吐信	第 四 十 式	併步還原
第二十一式	黃龍三攪水		

第四節　精編陳式太極單刀動作圖解

第一式　預備勢

兩腳分開站立，距離與肩同寬，兩腳尖略向外撇，意念十趾抓地，腳心保持空靈狀；兩手直臂下垂，右手掌心朝裡，手指自然下垂；左手大拇指扣住刀盤，單臂抱刀直臂下垂，刀刃朝前，刀尖垂直朝上；全身放鬆，虛領頂勁，沉肩垂肘，氣向下沉，含胸拔背，提肛圓襠，鬆腰坐胯，立身中正，排除雜念，專注練刀。目視前方，面向南（圖3-1）。

第二式　上步操刀

1. 雙手以腕為軸，順時針平圓畫弧；左手屈臂抱刀，手心朝上，刀刃朝上，刀尖朝左後側，由左胯側畫弧提收於腹前；右手手心朝下，由胯右側畫弧，斜捋於身後右側；同時，兩腿屈膝下蹲成馬步。目視左前方，面向南（圖3-2）。

2. 上動不停。兩臂同時由下向左上方掤起，再同時向右側畫弧；右手掌心朝右後側斜捋，左手屈臂抱刀，手背掤起，刀刃朝外，以刀柄向右斜攔，有攔拿對方來手之意，使刀刃由左向右斜抹，又有偷襲對方之意；同時，右腳順勢向右側橫跨半步，兩腿隨之屈膝下蹲成右半弓半馬步。目視前方，面向南（圖3-3）。

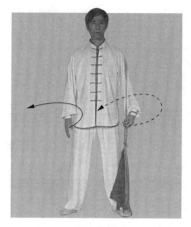

圖 3-1

圖 3-2

圖 3-3

圖 3-4

3.上動不停。重心右移；右腿蹬直，左腿屈膝上提成右獨立步，左腳扣襠。目視左前方，面向南（圖 3-4）。

4.上動不停。右腿屈膝全蹲，左腳以腳後跟內側觸地，沿地面向左前方鏟出，並使左腿伸直成左仆步；同

圖 3-5　　　　　　　　　　圖 3-6

時，上身略向前傾；左手抱刀屈肘，刀刃朝前，刀尖朝左，屈肘前推。目視前方，面向南（圖3-5）。

5. 上動不停。重心左移；左腿漸漸蹬起；右腿隨之以腳前掌內側觸地，拖地前移至左腳右前側，並以腳前掌虛點地；同時，右手隨著右腿上步由後向右前側擦掌；左手屈肘抱刀橫架於胸前，刀尖朝左後側。目視右前方，面向西南（圖3-6）。

6. 右腳向右側橫跨半步，左腳隨之緊跟於右腳內側，以前腳掌虛點地，兩腿屈膝併步略下蹲；同時，左手抱刀，由左下側向胸前橫攔；右手掌心朝上，由下向右上方屈臂上托，手與肩齊平，沉肩垂肘。目視右手，面向西（圖3-7）。

7. 上動不停。右手繼續逆時針畫弧，由右側向左手刀柄處扣合；兩腿屈膝不動。目視刀柄，面向東南（圖3-8）。

精編陳式太極拳拳劍刀

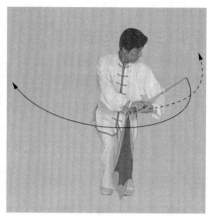

圖 3-7　　　　　　　　　　圖 3-8

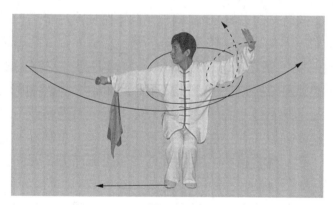

圖 3-9

8.右手接刀，由胸前直臂向右側平斬，力達刀刃，刀與肩同高；左手變掌，屈臂上架於頭左側；兩腿屈膝不動。目隨刀移，面向西（圖3-9）。

【要領】

左手抱刀，仍有用法。雙臂上掤，刀柄橫攔，刀刃必

定向外迎敵。無論左右
畫弧，刀刃必須朝外，
不可觸及身體任何部
位。兩手交接刀要順暢
自然，不可有抽扯之
狀。直臂平斬要意到勁
到，快速剛勁，力達刀
刃。

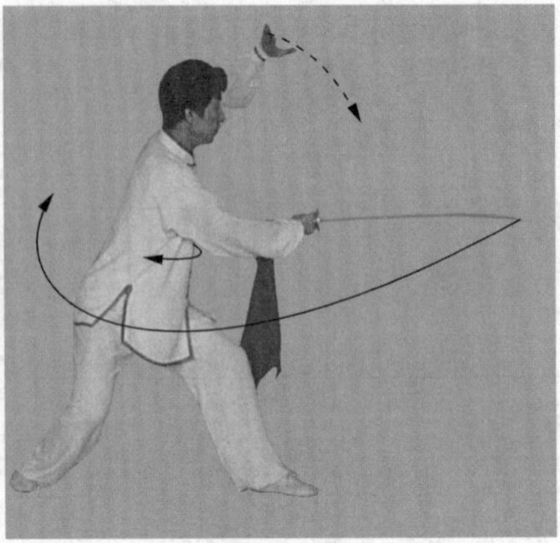

圖3-10

第三式　護心刀

1.右腳向右側橫跨
一步，同時身向右轉90°，兩腿屈膝下蹲成半弓半馬步；右
手持刀，刀尖下垂，經身前向左臂、左肩外側，貼著後脊
纏頭一周，隨之向左腋下平抹，力達刀刃；左掌協調動
作，繞弧斜架於頭左側。目視刀前，面向東（圖3-10）。

2.上動不停。右手持刀，刀尖下垂，刀刃朝外，由左
腋下經身前以刀背沿右肩向後背屈臂環繞；左掌協調向前
推按；重心隨之後移成右偏低馬步。目視前方，面向東南
（圖3-11）。

3.上動不停。右手持刀，繼續由後背繞過頭及左肩、
左臂，完成裹腦動作後，向右後側屈臂帶刀；左掌讓過刀
後，以手指下按於刀背上，刀尖朝前，刀刃斜向下；同
時，重心右移，右腿屈膝下蹲成左虛步。目視前方，面向
東（圖3-12）。

【要領】

完成纏頭裹腦刀，須縮身束膀。刀刃始終朝外，刀尖

精編陳式太極拳拳劍刀

圖 3-11

圖 3-12

下垂，左手與右手刀協調
動作。左右平斬抹帶，其
刀法應明瞭準確。不可有
拘束晃動游疑之形，刀出
力達，沉穩有力。

第四式　青龍出水

圖 3-13

1. 右手持刀，隨著吸
氣，以右臂順纏絲向前、
向左絞撥停至左臂下側；
左手直臂按於刀背上，隨
著絞刀增加按力，刀刃朝左；同時，左腿屈膝上提，左腳
尖裡扣，身略前傾。目視正前方，面向東（圖3-13）。

2. 左腿向前落地，腳尖外撇；右手持刀，左手繼續按
於刀脊，向左前側斜推刀。目視正前方，面向東（圖3-

14）。

3. 上動不停。隨著呼氣，右腳向前跨出一步，隨之雙腿屈膝下蹲成低馬步；同時，右手持刀，刀尖朝前，刀刃朝上，盡力向右前方屈臂平扎刀，力達刀尖，刀與肩齊平；左掌協調動作，屈臂斜架於頭左側，掌心斜向上，與右手形成對開之勢。目視刀尖，面向北（圖 3-15）。

圖 3-14

【要領】

上右步與平扎刀要形成合力。隨著呼氣向右前側抖發扎刀，其勁須借腰部右旋之勢，速度由慢增快，直達刀尖。兩臂須半圓而外撐，兩腿要沉穩紮實。

圖 3-15

第五式　風捲殘雲

1. 身體直立，略向右轉；隨著吸氣，左腳向右腿前側蓋步交叉，右腳尖外撇；同時，右手持刀，前臂內旋，上

提於頭右後側，右臂彎曲，刀尖下垂，刀背過右肩貼後背
做裹腦動作；左手協調動作，斜架於身左側。目視右前
方，面向東（圖3-16）。

　2.上動不停。隨著呼氣，右手持刀，繼續沿後背繞過
左肩、左臂外側完成裹腦
動作，隨之向右側直臂平
斬，力達刀刃，刀與肩同
高，刀刃朝右後側，刀尖
向右前方；左掌協調動
作，屈臂斜架於頭左側，
掌心斜向上；同時，右腳
隨平斬刀向前跨一步，隨
之兩腿屈膝下蹲成低馬
步。目視右前方，面向北
（圖3-17）。

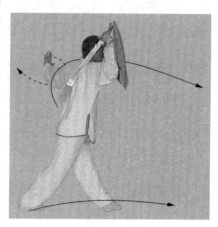

圖3-16

圖3-17

圖 3-18

【要領】

纏頭裹腦，是刀法中的重要組成部分。該動作為「進步裹腦刀」接「馬步平斬刀」。銜接要順暢，刀在裹腦時要刀背貼身，刀刃朝外。頭要正，項要豎，左肩側傾。平斬刀與右腳踏地合為整勁，刀進步隨，步助刀威。

第六式　蟠龍下勢

1. 身向左轉；左腿屈膝成弓步，右腿蹬直；右手持刀，由身右側掄臂向左側平斬刀，力達刀刃，刀與肩同高，刀刃朝左，刀尖朝前；左掌協調動作，向上屈臂斜架於頭左上側。目視前方，面向西（圖 3-18）。

2. 上動不停。右手持刀，前臂逆纏絲，使刀刃朝下，刀尖朝左，逆時針畫弧向左膝下截攔刀；左掌下按於刀背上方，以助按力；同時，身體重心略向後移；雙腿屈膝下蹲成左半弓半馬步，上身略前傾。目視刀前，面向西（圖

精編陳式太極拳拳劍刀

圖 3-19　　　　　　　　圖 3-20

3-19）。

【要領】

「左轉身平斬刀」與「翻刃下截刀」要在連貫中完成，中間不可停頓。要以腰帶臂，身械協調。掄臂平斬刀與蹲身下按刀要做到開中有合，合中有開，起伏跌宕，胸腰折疊。

第七式　霸王舉鼎

右手持刀，翻腕上舉；左手仍附於刀背上，與右手同時上架刀至頭前上方，力達刀刃，刀刃朝上，刀尖朝左；同時，身體略向右旋，重心略向右移；雙腿屈膝下蹲成右偏低馬步。目視左前方，面向北（圖 3-20）。

【要領】

此動意在盡力向上托架刀，力達刀刃。要求頭正項直，鬆肩撐臂，雙臂半圓，不失掤勁。提肛圓襠，鬆腰斂

圖 3-21 圖 3-22

胯，十趾抓地。上、中、下骨節對應，呼吸順暢自然；推
之不倒，撞之不開。此乃刀法樁功一種，源於「通臂刀」
之「猿猴攀枝」。可單練久站。

第八式　黑虎搜山

1. 隨著吸氣，身向左轉，並略向前傾，重心右移；右
腿直立站起，左腿屈膝，盡力上提成右獨立步；右手持刀
翻腕，使刀尖由前經左下方向後順時針掛刀，刀尖朝下，
刀刃朝前；左手仍附按於刀背上，隨刀運行。目隨刀移，
面向西（圖 3-21）。

2. 上動不停。左腳向左前方落地，腳尖外撇，腰向左
旋，身略前傾，使左腿蓋步於右腿前；右腿略屈膝下蹲；
同時，右手持刀，繼續順時針掛刀，使刀尖朝前，刀刃朝
外上方；左手協調動作，附於右手腕處，雙手交叉置於胸
腹前成捧刀狀。目視刀尖，面向西南（圖 3-22）。

精編陳式太極拳拳劍刀

圖 3-23

3. 上動不停。隨著呼氣，右腳向前跨出一步，隨之雙腿屈膝下蹲成低馬步；右手持刀，手心朝裡，刀刃朝上，刀尖朝前，隨著進步直臂向右前方扎刀（俗稱「捅刀」），力達刀尖，刀與肩齊平；左掌協調動作，屈臂架於頭左側，手心斜向上。目視刀尖，面向西南（圖 3-23）。

【要領】

轉身掛刀再向前扎刀，意在掛開對方兵械，直取其身。掛刀應與身體左轉、提腿進步協調一致；扎刀應與上步呼氣形成合力，形整勁足，同時完成。

第九式　蘇秦背劍

身向左轉 90°；右腿屈膝，上步震腳於左腿內側，兩腿併步，仍保持下蹲；同時，右手持刀，仍保持刀刃朝上、刀尖方向不變的情況下，右手屈臂向頭右側右肩上方猛力抽帶刀，手稍高於肩，手心朝左；左掌協調動作，護於右

圖 3-24

手腕處。頭向右掃，目視刀尖，面向東南（圖 3-24）。

第十式　金雞獨立

1. 左腳向前邁出一步，雙腿略下蹲成「三體式樁步」；同時，右手持刀，手腕順旋外翻，使刀由身體右後側經身右下方向正前方上撩刀，刀刃朝上，刀尖朝前，刀與肩齊平；左掌協調動作，護於右手腕處。目視正前方，面向東（圖 3-25）。

2. 上動不停。隨著吸氣，右手持刀，手腕

圖 3-25

精編陳式太極拳拳劍刀

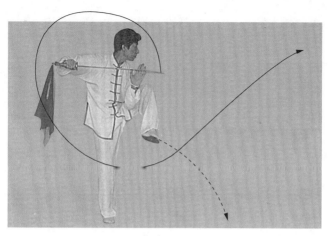

圖 3-26

逆旋內翻，使刀刃翻轉朝外，然後向右後側抽帶抹刀，力
達刀刃，刀尖朝前，刀與胸同高；左掌附於刀背上，以助
抹刀之力；同時，左腿屈膝，盡力上提成右獨立步。目視
正前方，面向東（圖 3-26）。

【要領】

撩抽抹帶刀法的綜合使用，全在於身械協調。手腕翻
轉，勁由內換，方法要明瞭準確，連貫完成。不求速度
快，但求勁力整，其勁猶如推舟拉纖。

第十一式　腰斬白蛇

1. 左腳向前落地，雙腿屈膝下蹲成左半弓半馬步；同
時，右手持刀，由前經頭上方向右下方順時針立圓畫弧後
再向左前方平斬，刀刃朝左，刀尖朝前，力達刀刃；左手
協調動作，護於右手腕處，兩臂半圓，不失掤勁。目視刀
前，面向東（圖 3-27）。

圖 3-27

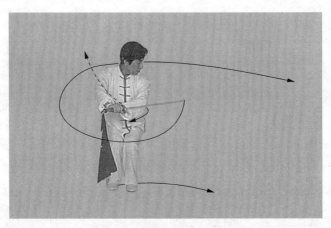

圖 3-28

2. 上動不停。身體右轉；右腳向左腳內側併步震腳，隨之雙腿屈膝下蹲；同時，右手持刀，逆纏絲翻腕絞刀後，手心朝下，刀刃朝外，隨身體右轉向右側抽帶平抹；左手護於右手腕處。目隨刀移，面向南（圖 3-28）。

圖 3-29

3. 上動不停。隨著呼氣，身體繼續向右後旋轉 180°；右腿屈膝下蹲，順勢沿地面向左腿後側撤步轉體，隨之成低馬步；右手持刀，隨身體旋轉平圓畫弧，並掄臂向右側平斬刀，力達刀刃，高與肩齊平；左掌屈臂上架於頭左側。目視刀前，面向東北（圖 3-29）。

【要領】

整個動作均屈膝下蹲取低勢。第一次平斬後以抽帶平抹作為引化過渡，要求動作柔中寓剛，兩臂相掤，勁由內轉，沉穩而不失平滑。右撤步轉身要以左腳為軸，右腳前腳掌不離地面，滑行而出，突然站定，與掄臂平斬形成合力，猛烈而乾脆。

第十二式 日套三環

1. 身向左轉；雙腿屈膝下蹲成左半弓半馬步；右手持刀翻腕，上提於右肩後側；左掌下按於左腿側。目視前方，面向西（圖 3-30）。

圖 3-30

圖 3-31

2.上動不停。身體繼續左轉；右腳順勢向前上一步，
隨之兩腿屈膝下蹲成低馬步；右手持刀，隨轉體直臂向右
前下方掄劈刀；左掌斜架於頭左側。目視刀前，面向西南
（圖 3-31）。

精編陳式太極拳拳劍刀

3. 右手持刀，由右經身前下方順時針立圓畫弧，再從左上方掄臂向右下方劈刀；同時，左腳向右腿後插步；左掌協調動作，順時針畫弧後仍斜架於頭左側。目視刀前，面向西南（圖3-32）。

圖3-32

4. 上動不停。身體下沉，兩腿隨之屈膝下蹲成歇步；右手持刀，向右下方截攔刀。目隨刀移，面向南（圖3-33）。

5. 上動不停。身體仰面向左旋轉；同時右手持刀，隨轉體順勢由前下方向上撩刀；左手協調動作，下按於左腰

圖3-33

圖 3-34

圖 3-35

側。目隨刀轉，面向西北（圖 3-34）。

　　6.上動不停。身體繼續左轉；右手持刀，二次向右前
方掄劈；同時，右腳順勢上步成馬步劈刀式；左掌斜架於
頭側。目視刀前，面向西南（圖 3-35）。

　精編陳式太極拳拳劍刀

圖 3-36

7. 右手持刀，由右經身前下方沿順時針立圓畫弧，向左上側挑刀，刀刃朝外，刀尖朝上；左掌協調動作，側擺於右腋下；同時，左腳向右腿後插步，右腿微屈。目視右側，面向西南（圖 3-36）。

8. 上動不停。右手持刀，繼續順時針立圓畫弧，刀由身體左側經頭前上方向右下方掄臂下劈刀；左掌協調動作，展臂斜架於頭左側，與右手形成對開之勢；同時，雙腿屈膝全蹲成歇步。目視刀前，面向西南（圖 3-37）。

以上「轉身馬步劈刀」再重複一次。

【要領】

「日套三環」實際上是三個「馬步掄臂劈刀」與「歇步下截刀」和「後插步轉身撩刀」組合而成，最後定勢在「歇步下截刀」上。該動作重點在轉體撩刀與馬步掄劈刀上。動作要圓活順暢，臂要掄開，刀要走出大圓弧，力達刀刃，不可有一絲僵緊。

圖 3-37

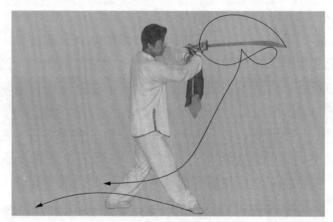

圖 3-38

第十三式　撥雲望日

1. 右手持刀，隨身體左轉向左上方撩刀，力達刀刃，刀刃朝上，刀尖朝前；身體隨撩刀站起；左掌護於右手腕處。目視刀尖，面向東（圖 3-38）。

　精編陳式太極拳拳劍刀

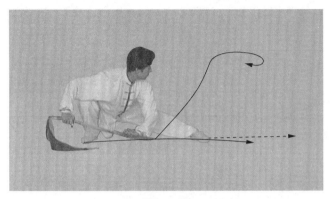

圖 3-39

2. 上動不停。左掌護於右手腕處；右手持刀，以腕為軸，由前向左、向下沿左臂外側逆時針撩腕花，再以腕為軸，由前向右、向下、再向前上方沿右臂外側撩腕花各一小周；然後右腳向身後撤步，隨之屈膝下蹲；左腿沿地面伸直成左低仆步；右手持刀，向身體右下側抽帶抹刀；左手側按於刀背上，以助其力。目視前方，面向東（圖 3-39）。

【要領】

「撥雲望日」重在撥撩刀上。右手撩腕花撥刀要輕快而俐落，有撥開對方兵械之意，再疾速撤步抽帶刀，須有讓空躲閃之意。其身形變化，起伏折疊，全看刀法運用；步撤刀回，步進刀出，方為協調一致。

第十四式　撥草尋蛇

1. 身體起直；右腳先向前跨一步，隨之左腳跟進半步；右手持刀，左手按於刀背上，先隨右腳上步，以刀尖

圖 3-40

朝前，刀刃朝下向前送刀，緊跟左腳上步改為刀刃向左，順勢向左側斜抽抹帶刀。目視刀前，面向東（圖3-40）。

2. 左腳向右前側跨一步，隨之右腳向前跨出一步；右手持刀，左手仍按於刀背上，以助推力，隨著進左步先順時針絞刀一周，再向下稍壓後，隨著

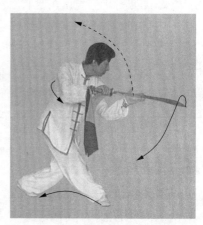

圖 3-41

進右步向右側平錯刀（鏟刀）。目視刀前，面向東南（圖3-41）。

【要領】

此動作中，刀法上的送、抹、帶、抽、絞、推、鏟，

精編陳式太極拳拳劍刀

要緊隨步法進行。在進步中連貫完成，最後使勁力落在抹帶刀和推錯刀上。此時須與呼氣配合一致，跟步蹬地有聲，氣到、步到、刀到，動作要柔中帶剛，運行於柔而抖發於剛。向右側推錯刀時，須有推銼之感覺。

第十五式　青龍探爪

1. 身體略向左轉；右手持刀，順纏絲翻腕，回抽刀於右胯內側，刀刃朝下，刀尖向右前下方；同時，重心左移，右腳隨轉身順勢抽回，靠於左腿內側，前腳掌虛點地；左掌上撩並斜架於頭左側。目視刀前，面向東北（圖3-42）。

2. 右腳向右側跨出一步，並直立站穩；隨之左腿屈膝上舉，上身向前傾，側身成右獨立平衡，左腿略高於胴部，左腳勾回；同時，右手持刀，直臂向前下方提腕點刀，力達刀尖，刀刃朝下，刀尖略高於腳面；左掌協調上

圖 3-42

圖 3-43

舉，與右手形成對開之勢，掌心朝左。目視刀尖，面向東
（圖 3-43）。

【要領】

撤步回抽刀要步法敏捷，輕柔靈巧，如貓行蛇移，意
在引化閃空對方兵械，隨之疾速上步探點刀。又如蛟龍出
水，柔中有剛。全動作要體現出合中寓開，收而欲放的形
態，騰挪閃展的氣勢，不可有呆板滯後之象。

第十六式　秋風掃葉

1. 隨著吸氣，左腳向右腿前落地；右手持刀，由前經
左臂外側屈臂纏頭，刀背沿後脊向右畫弧，刀刃朝外，刀
尖朝下；左掌協調動作，縮左肩，由刀背裡側向外推掌。
目視前方，面向東（圖 3-44）。

2. 上動不停。身向左轉；同時，右腳隨轉身向前邁出
一步，兩腿隨之屈膝下蹲成馬步；右手持刀，繼續屈臂畫

圖 3-44　　　　　　　　圖 3-45

弧，刀背沿著背繞過右肩，向左肩外側斜向截刀，手心朝
裡，刀刃斜向左後側，刀尖斜向左上方；左掌收於右臂下
方。目視前方，面向東（圖 3-45）。

　　3. 上動不停。隨著呼氣，右手持刀，經左肩外側向下
畫弧攔截後，順
勢直臂向右側平
斬，力達刀刃，
刀與肩同高，刀
尖朝右前方，手
心朝下，刀刃朝
後；左掌協調動
作，展臂斜架於
頭左側。目隨刀
移，面向北（圖
3-46）。

圖 3-46

進步轉身，纏頭過肩，上截下攔，翻腕平斬的幾個動作，須在連貫中完成，要一氣呵成，如風捲秋葉，自然順暢，不可有僵緊和停頓之處。手臂始終保持掤勁，勁由內轉。

第十七式　燕別金翅

1. 身向左轉，重心向左偏移；左腿屈膝下蹲成左弓步，右腿蹬直；同時，右手持刀，前臂外翻，從後向上撩刀，再隨著身體左轉直臂向左前下方掄劈刀，力達刀刃；左掌協調動作，隨著轉身向上撩起，並斜架於頭後側，手心斜向後。目視刀前，面向西（圖3-47）。

2. 上動不停，左腳向前邁進一步，隨之兩腿屈膝下蹲成馬步；右手持刀，由前經左下方向後背畫弧，屈臂提刀纏頭，再經身後側順時針立圓向左肩外側上挑刀；左手協

圖 3-47

調動作，向右腋下撐掌。目視右側，面向西南（圖3-48）。

3. 上動不停。右手持刀，繼續順時針立圓畫弧，由左肩外側經頭前向右下方直臂下剁刀，力達刀刃後部；兩腿隨著下剁刀繼續下蹲成低馬步；右手與膝同高，刀尖朝右上方；左掌甩臂上架於頭左側，手心朝外。目視刀前，面向西南（圖3-49）。

圖3-48

圖3-49

4. 上動不停。隨著吸氣，右腿屈膝盡力上提，右腳尖收扣於襠部成左獨立步；同時，右手持刀，繼續順時針立圓畫弧，經身前平掃刀，再向左臂下側屈臂藏刀，刀背緊貼左肋，刀刃朝後，刀尖朝上；左掌屈肘上架於頭左側。眼向右平視，面向西南（圖

圖 3-50

3-50）。

【要領】

右手持刀掄臂纏頭、進步下剁刀要做出滾動如車輪之狀，獨立藏刀要順勢提腿。整個動作既要圓活靈巧，又不失威武勇猛之勢。

第十八式　夜叉探海

1. 右腳向前落地，隨之屈膝成右弓步，左腿蹬直；同時，右手持刀，隨著右腿前落使刀由左腋下方截攔，再順勢向右側上挑刀，力達刀尖；左掌協調動作，附於右臂內側，左臂屈肘橫提於胸前。目視右前方，面向西（圖 3-51）。

2. 上動不停。身向左轉，重心左移；隨之左腿屈膝下蹲成左弓步，右腿蹬直；右手持刀，隨轉身順勢由右側繼

圖 3-51

圖 3-52

續上挑，經頭前上方向左下方直臂反手穿扎刀，力達刀
尖，刀尖略高於腳面，刀刃朝左外側，手心朝外；左掌屈
肘下按於左膝面上，上身略向前俯。目視刀尖，面向東南
（圖 3-52）。

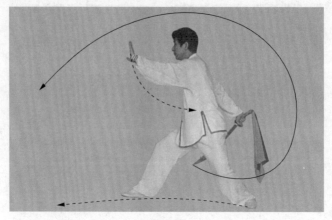

圖 3-53

【要領】

右挑左扎，均須以身法帶動。刀隨轉身須順勢運行。勁由腰出，臂又不失掤勁。重心右移左擺，腳趾均須抓地，腿不可晃動。

第十九式　樵公砍柴

1.隨著吸氣，身向右轉；右手持刀，經身體左前方斜抹刀，再向右胯側帶刀，刀刃朝下，刀尖朝前；右腳隨轉體往回抽半步，兩腿略下蹲成高半弓半馬步；左掌隨轉體向右前方推掌。目視右前方，面向西（圖3-53）。

2.上動不停。左腳向正前方跨步，隨之重心左移，左腿屈膝下蹲成左弓步，右腿蹬直；同時，右手持刀，由身後經頭右上側向左下側掄臂斜砍，力達刀刃，手與腹同高，刀尖斜向上；左手抽回，下按於左胯側，手心朝下，與右手形成對開之勢。目視刀前，面向西（圖3-54）。

精編陳式太極拳拳劍刀

圖 3-54

3. 身向右轉；右腳隨轉體抽回半步；右手持刀，隨轉
體由左側向身右下方右膝外側甩臂下截刀，力達刀刃，刀尖
朝前下方；左掌隨轉體向頭左側擺起並斜架，手心朝外；兩
腿屈膝略向下蹲。目移刀移，面向東北（圖 3-55）。

4. 上動不停。
隨著呼氣，身向右
轉；左腳隨著右轉
身向右前方跨出一
步，隨之屈膝下蹲
成左弓步，右腿蹬
直；同時，右手持
刀，由身右側向後
撩刀畫弧，再經頭
上側向左前下方斜
砍，力達刀刃，手

圖 3-55

圖 3-56

與膝同高，刀尖斜向上；左掌仍斜架於頭側。目視前方，面向東（圖 3-56）。

【要領】

下截上撩，左砍右帶，須在轉身調步、左顧右盼中連貫完成。神要領起，意要集中；上步應沉穩，撤步應輕靈；意到、步到、刀到，斜砍直剁，均應勁整力足。

第二十式　白蛇吐信

1. 隨著吸氣，左腿向後撤一步，隨之重心左移，雙腿屈膝下蹲成右低虛步，右前腳掌虛著地；同時，右手持刀，前臂外旋，使刀刃朝上，手心朝右上方，屈肘往身前抽帶刀，手略高於右膝，刀尖朝正前方；左掌仍斜架於頭側。目視前方，面向東（圖 3-57）。

2. 隨著呼氣，腰略向左旋；右腳向前踏出半步，震腳落地，隨之屈膝下蹲成低馬步；同時，右手持刀，隨進步

精編陳式太極拳拳劍刀

圖 3-57

圖 3-58

向右前方翻腕扎刀，力達刀尖，刀刃朝上，刀尖朝前，高
與肩齊平；左掌向左外側撐按，與右手形成對開之勢。目
視刀尖，面向東北（圖3-58）。

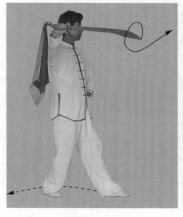

圖 3-59　　　　　　　　　　圖 3-60

【要領】

撤步抽刀，須縮身含胸，意在引化對方兵械。全身一合皆合，但合中寓開。進步翻腕扎刀，意在前捅。上、中、下須關節對應，內外三合，手足相對，肘膝相對，肩胯相對，使扎刀向前形成一整體。

第二十一式　黃龍三攪水

1. 身體站起，隨之向右旋轉；右腳沿地面隨轉體順勢向身後撤步，重心右移，左腳漸漸變成虛點地；同時，右手持刀，前臂內旋，使刀刃向上撩，再向左、向下順時針畫弧，然後再向右上方撩腕花斜截刀，刀尖朝前，刀刃朝外上方，手心朝下，高與肩齊平；左掌按於左胯上側。目視前方，面向東（圖 3-59）。

2. 上動不停。腰略向左旋；右手持刀，前臂外旋，以刀刃由右向下經胸前向左上方撩腕花截刀，高與肩齊平，

刀尖朝前，刀刃斜朝上；同時，左腳沿地面順勢向身後撤步，重心左移，右腳漸漸虛點地；左手按於左胯側不變。目視前方，面向東（圖3-60）。

3.上動不停。腰略右旋；右手持刀，前臂內旋，以刀刃由左向下畫弧，經胸前向右上方

圖3-61

撩腕花截刀，高與肩齊平，刀尖朝前，刀刃斜向外上方；同時，右腳沿地面隨轉體向後撤一步，重心右移，左腳漸漸虛點地；左掌向左側撐按，與右手形成對開之勢。目視前方，面向東（圖3-61）。

【要領】

撤步撩腕花截刀，其勁須內換，手臂有如抽絲之意，撤步如趟泥涉水之態，有負重之感。撤步以腳前掌觸地拖步而退。刀隨腰旋，腰隨刀轉，形成一個整體勁力。速度均勻持重，而又不失靈活。兩腿虛實互換，不可偏輕偏重。

第二十二式　雙震腳

1.右手持刀翻腕，使刀由右上方下翻，再由胸前向上撩刀，高與胸齊平，刀刃朝上，刀尖朝前；同時，右腳隨撩刀進步，並以前腳掌虛點地，左腿屈膝略下蹲成右虛步；左掌護於右手腕處。目視刀前，面向東（圖3-62）。

圖 3-62　　　　　　　　　圖 3-63

2.右手持刀翻腕，以刀背朝上，直臂塌腕向上崩刀，
手與肩同高，刀尖斜向上；左手仍護於右手腕處；同時，
右腿隨著右手崩刀向上屈膝提起，腳尖繃展向前彈出。目
視前方，面向東（圖 3-63）。

3.右腳向前踏地，隨
之雙腿屈膝下蹲成偏馬
步；右手持刀，向前直臂
塌腕截攔刀，手與腹同
高，刀尖斜向上；左手附
於右前臂內側，手心朝
下，上身略前傾。目視前
方，面向東（圖 3-64）。

4.隨著吸氣，兩腿蹬
地向空中躍起，左腳先落

圖 3-64

精編陳式太極拳拳劍刀

地，右腿後落地；同時，右手持刀翻腕，使刀刃朝上，隨躍步向上直臂撩刀；左手護於右手腕處。目視前方，面向東（圖3-65）。

圖 3-65

5.隨著呼氣，兩腳左先右後落地震腳，隨之兩腿屈膝下蹲成左偏低馬步；右手持刀塌腕，直臂向前下方剁刀，力達刀刃後部，手與腹同高，刀尖斜向前上方，但高不過眉；左手護於右手腕處。目視前方，面向東（圖3-66）。

【要領】

「雙震腳」重在「震」上。兩腳先後落地，鬆沉下震，要

圖 3-66

與右手直臂下剁刀形成合力。撩刀纏絲，全身意在蓄勁，神要專注。發勁下剁刀要上下相隨，身械一體，力達刀刃。

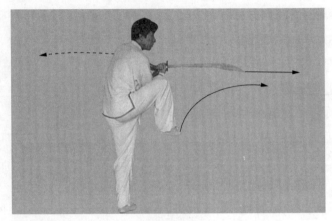

圖 3-67

第二十三式　狸貓上樹

1. 右手持刀，以刀尖順時針纏絞刀一小周後，隨即翻手腕抽帶刀，將刀捧於胸前，刀刃朝上，刀尖朝前；左手護於右手腕處；同時，右腿屈膝上提於正前方。目視刀尖，面向東（圖 3-67）。

2. 上身向左側傾倒，右腳順勢直腿向右前方以腳底猛力側踹腿，高與腰齊平；同時，右手持刀、翻腕，直臂向前扎刀，力達刀尖，刀刃朝下，刀尖朝前，刀與肩同高；左掌直臂向左側撐按，與右手形成對開之勢。目視刀前，面向北（圖 3-68）。

【要領】

側踹腿時，左支撐腿要站直，右踹腿要蹬平，力達腳底外沿，腳尖裡扣。前扎刀與踹腿要同步進行，形成腿中夾刀，刀中帶腿的威力。

圖 3-68

第二十四式　玉女穿梭

　　1. 右腳向前躍步落地，隨即左腳提起，身體在空中向前躍跳的同時右旋轉，並順勢向右側下方截攔刀；左掌隨右轉身向身側擺動。目隨刀移，面向東南（圖3-69）。

　　2. 上動不停。身體繼續在空中向右後旋轉；左腳隨轉身向右前方躍步落地，右腳隨即提起，順轉體之勢向左腿後插步；同時，右手持刀，屈臂上提，由右肩外側

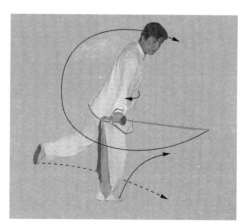

圖 3-69

沿後背向左肩畫弧
裹腦，刀刃朝外，
刀尖朝下（圖 3-
70）。

3. 上動不停。
身體繼續右轉；右
腳順勢隨轉身向右
前方落地，隨之兩
腿屈膝下蹲成低馬
步；同時，右手持
刀，隨右轉身繼續
經左肩完成裹腦刀
動作，然後直臂向
右側平斬刀，刀與
肩齊平，刀尖朝右
前方；左掌協調動
作，斜架於頭左
側。目視刀前，面
向北（圖 3-71）。

【要領】

身體向前竄跳
躍步時，不求高

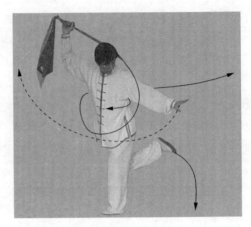

圖 3-70

圖 3-71

低，而要與刀協調一致，輕靈穩健，刀隨身轉，步助刀
威。全部動作要在連貫中完成，如滾動的車輪，勢不可
擋。

精編陳式太極拳拳劍刀

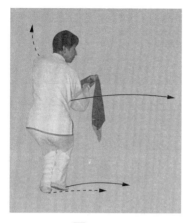

圖 3-72

圖 3-73

第二十五式　順水推舟

1. 上動不停。右手持刀，順勢繼續向右後側改為抹刀，接著右臂屈肘外旋，手心朝上，向身右側平帶掛刀，刀刃朝右，刀尖朝後；同時，右腳隨刀屈膝收回於左腳內側，並以右腳前腳掌虛點地，隨之雙腿併步屈膝下蹲；左掌護於右手腕處。目視右前方，面向東北（圖 3-72）。

2. 身體再略向下蹲，使刀略向下壓；然後右手持刀，手心朝上，向右外側平推成平錯刀，力達刀刃根部，刀尖仍朝後；同時，右腳向右側橫邁一步，左腳立即緊跟上步，並靠於右腳內側，前腳掌虛點地，雙腿仍屈膝併步下蹲；左手斜架於頭左側，與右手形成對開之勢。目視右前方，面向東北（圖 3-73）。

【要領】

「順水推舟」意在「推」。這裡推刀實際為「正錯

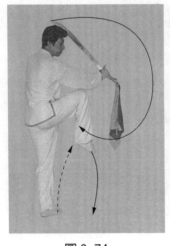
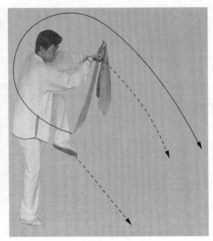

圖 3-74　　　　　　　　　　圖 3-75

刀」，又稱「鑕」。因此，手臂內須感覺有一種阻力，如推銼的感覺。而且與上動作要平滑過渡，不可有停頓死角。力達刀刃中部，並有向刀刃根部滑移的意識才是正確的正錯刀用法。帶、抹、掛刀時應以身協調動作，要做到縮身束胯，含胸收腹，斂胯塌腰，力求減小自身目標。無論撤步抽掛刀或進步推鑕刀，均應邁步輕如貓走蛇行，身法自然。

第二十六式　撥封滾閉

1.右腿屈膝上提，腳尖下垂，左腿蹬直成左獨立步；同時，右手持刀，以腕為軸旋轉，使刀由前向下沿身體內側立圓畫出剪腕刀花，刀尖朝上，刀刃朝前；左掌護於右手腕處。目視前方，面向東（圖 3-74）。

2.上動不停。右手持刀，繼續以右腕為軸由上向下方

畫弧，完成剪腕刀花動作，刀尖朝下，刀刃朝前；同時，右腳落地，左腳跳起；左掌仍護於右手腕處。目視前方，面向東（圖3-75）。

圖3-76

3. 上動不停。右手持刀，繼續以右腕為軸，由右下方向上沿右臂外側和右肋外側向上畫弧，再向左前下方斜砍刀；左掌隨下砍刀按於刀背上，以助其力；同時，左腳隨砍刀向前落地，兩腿隨即屈膝下蹲成偏馬步。目視前方，面向東南（圖3-76）。

【要領】

「撥封滾閉」顧名思義，以剪腕刀花刀體的滾動翻轉撥格對方兵械，封閉自己的門戶。左右跳步，意在躲閃對方襲擊。因此，剪腕刀花要快捷乾脆，與跳步要協調一致，方能起到撥攔與封閉的雙重作用。

第二十七式　撩陰刀

1. 右手持刀，前臂內旋。手心斜向上，由前下方向右上方順時針撩截刀；左掌仍托附於刀背上，隨刀上撩，架於頭右側，刀刃朝上，刀尖朝前；兩腿仍保持右偏低馬步，身略前傾。目視前方，面向東（圖3-77）。

圖 3-77

2.上動不停。身體左旋；右手持刀，前臂外旋，繼續順時針畫弧，刀由右側上方向後、向下、再向正前方翻腕上撩刀，力達刀刃，手心朝上，刀刃向上，刀尖朝前下方，高與腹齊平；同時右腳隨著撩刀順勢向正前方上步，隨之雙腿屈膝下蹲成右半弓半馬步；左手協調動作，斜架於頭左側。目視刀尖，面向東北（圖3-78）。

圖 3-78

3.身體左轉；右手持刀，由右前方向上經頭前向左上方截攔刀，刀刃朝左，刀尖斜向上；左掌協調動作，側按於左胯外

側。目隨刀移，面向西北（圖3-79）。

4. 上動不停。右手持刀，前臂內旋，刀由右前向右後方直臂翻腕撩刀，力達刀刃，手心朝後，刀刃朝上，刀尖斜向下，高與腹齊平；同

圖 3-79

時，左腿屈膝上提成右獨立步；左掌上穿並直臂上撐於頭左側，頭向後扭。目視刀刃，面向北（圖3-80）。

【要領】

「撩陰刀」意在撩襠。因此刀刃朝上高度總不超過腹部。撩刀要力達刀刃，刀隨身轉，步助刀威，才會使勁力順暢。

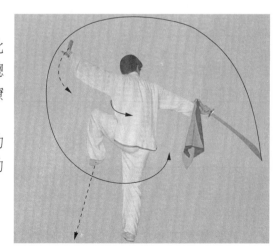

圖 3-80

第二十八式 八卦劈刀（八方刀）

1. 身向左轉；左腳向前落地，使左腿蓋步交叉於右腿前，腳尖外撇；同時，右手持刀，前臂外旋，由右後方經頭上側過左臂外側向左下方挑刀；左掌收回，置於右臂內側。目隨刀移，面向南（圖3-81）。

圖3-81

2. 上動不停。右腳向前跨步，隨之屈膝下蹲成右弓步，左腿蹬直；同時，右手持刀，由左肩外側向前下方掄臂劈剁刀，力達刀刃，手與腹同高，刀尖斜向上；左掌協調動作，甩臂上架於頭後側。目視刀前，面向西北（圖3-82）。

3. 身向左轉；右手持刀，屈臂上提刀於右肩外側，刀刃朝上，刀尖朝後；左掌協調動作，下按於左

圖3-82

圖 3-83

圖 3-84

胯側。目視左前方，面向東南（圖 3-83）。

4. 上動不停。右手持刀，由右後側向左前方掄臂劈剁刀，力達刀刃，手與腹同高，刀尖斜向上；同時，左腳隨著下劈刀向前跨出半步，隨之屈膝下蹲成左弓步，右腿蹬直；左掌協調右手劈刀，向頭左側上架。目視刀前，面向東南（圖 3-84）。

5. 身向右轉；右手持刀，順轉身之勢向右下方掄臂下截，並隨之提於身右後側；同時，右腳向左腿前蓋步交叉，腳尖外撇；左掌下按於腹前。目視前方，面向西南（圖 3-85）。

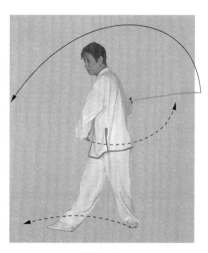

圖 3-85

6. 上動不停。右手持刀，由身體右後側經頭右側向前下方掄臂下劈剁刀，刀達刀刃，手與腹同高，刀尖斜向上；同時，左腿隨著右手劈刀順勢跨進一步，並屈膝下蹲成左弓步，右腿蹬直；左掌協調動作，撐按於身左側。目視前方，面向西南（圖3-86）。

圖 3-86

7. 身向右轉；右腿隨轉體向左腿後側拖半步，並以前腳掌虛點地；同時，

圖 3-87

右手持刀，順勢由前經身前下方掃刀，隨之帶刀向下截攔於右胯側，刀尖略低於膝；左掌協調動作，斜架於頭側。目隨刀移，面向東北（圖3-87）。

8. 上動不停。左腳向前跨出一步，隨之屈膝下蹲成左

圖 3-88

弓步，右腿蹬直；同時，右手持刀，由身右後側經頭側向前下方掄臂劈剁刀，力達刀刃，手與腹同高，刀尖斜向上；左掌協調動作，斜架於頭左側。目視刀前，面向東北（圖 3-88）。

【要領】

「八卦劈刀」為調步轉身，掄刀力劈四角八方，故又名「八方刀」。在該動作中要求刀步協調。步乃一身之根基，運動之主體；前進，後退，顧盼左右，必須刀步配合統一，才能有效地發揮劈剁刀的作用。

第二十九式　白鶴亮翅

1. 隨著吸氣，身體略向右轉，重心向右腿偏移；隨之右腿屈膝略下蹲，左腳隨轉身沿地面抽回半步，並以前腳掌虛著地成左側虛步；同時，右手持刀，向左側抹帶，隨即再橫攔刀於身前，刀刃朝右前方，刀尖朝左側；左掌護

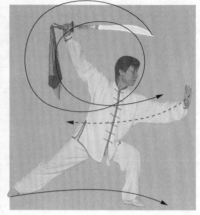

圖 3-89 圖 3-90

於右手腕處。目隨刀移，面向東（圖 3-89）。

2. 上動不停。隨著呼氣，左腳向前跨出一步，隨之屈膝下蹲成左弓步，右腿蹬直；同時，右手持刀上撩，直臂上架於頭右前上方，刀刃朝上，刀尖朝前；左掌直臂向正前方推掌，力達掌心，高與肩齊平。目視前方，面向東（圖 3-90）。

【要領】

刀中帶腿，刀中帶拳或帶掌，往往更使人難以防備，而且這均屬刀術技法中的常例。該動作中的架刀推掌要勁力整足，出腿、架刀、推掌要同時完成。左掌要配以呼氣抖發而出，力達掌心，意達掌前。因此又名「五行掌」或「穿心掌」。

第三十式　反背獨立

1. 右手持刀，由上向身體右後側，經右下方過左前方

精編陳式太極拳拳劍刀

順時針畫弧，然後刀由頭右側雲刀而過，再收於右臂外側；同時，左掌協調動作，收於右肘下側；右腿向左腿前蓋步交叉成右高虛步。目視右側，面向西南（圖3-91）。

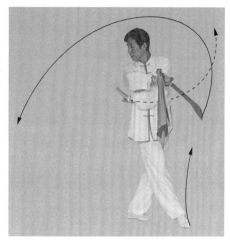

圖3-91

2.上動不停。右手持刀，向右後側掄臂下劈刀，力達刀刃，刀與胸、腹同高；同時，右腿向左側屈膝上提成左獨立步，右腳尖裡扣；左掌向頭左上側托架，掌心斜向上。目隨刀移，面向西南（圖3-92）。

圖3-92

圖 3-93

圖 3-94

【要領】

刀在順時針畫弧雲刀時，頭和左肩應略向左傾倒。刀刃向前畫弧，應以右手腕為軸，使刀在身體右側畫弧時形成一個傾斜的封閉面，起到攔截格擋對方兵械的作用。在反背下劈刀時，上身不轉動，而以右臂直接向後掄臂。

第三十一式　三星開合

1. 右腳向前落地，並以前腳掌虛點地；同時，右手持刀，前臂外旋，由右下方向前撩刀，力達刀刃，手心與刀刃朝上，刀尖朝前，刀與胸同高；左掌護於右手腕處，兩臂半圓相合，含胸扣肩，背向後撐。目視刀前，面向東南（圖 3-93）。

2. 上動不停。左腳向前跨進一步，並以前腳掌虛點地；同時，右手前臂內旋，以刀刃向右側抹帶刀，高與肩平，刀尖朝前，刀刃朝右；左掌向左側撐按，掌心朝外，

形成左右對開之勢。目視前方，面向東南（圖 3-94）。

【要領】

開中寓合，合中寓開，一開一合，盡在其中。拳理拳法均在「開合」二字中變化。一合俱合，要神合、意合、勁合；一開俱開，要神到、意到、力到。

第三十二式　披身斜掛

1. 隨著吸氣，重心向左腿偏移；隨之右腿屈膝上提，腳尖裡扣，成左獨立步；同時，右手持刀翻腕，由右向左肩外側屈臂上提刀畫弧，然後刀背沿後背纏頭至身右側，隨即再屈臂向胸前抽帶刀，手心朝上成捧刀勢，刀刃朝上，刀尖朝右下方；左掌附於右手腕處，雙臂呈半圓形合抱於胸前。目視右前方，面向西南（圖 3-95）。

2. 隨著呼氣，右腳向右側落地，鬆沉下震腳，隨即左

圖 3-95

圖 3-96

腿屈膝上提於身左側成右獨立步；同時，右手持刀，隨著右腳下震，同步向右下方直臂下扎刀，力達刀尖，刀刃斜向前上方；左掌展臂，向頭左上側托架。目視刀尖，面向西南（圖 3-96）。

【要領】

「披身」意在纏頭。要含胸束膀，屈臂提刀，刀背貼身而過，有防護周身的作用。「斜掛」意在捧刀斜帶、抽割引化的用意。鬆沉下震腳，為了勁由內換，抖發於刀端，以助力威。因此，刀法要明瞭準確，不可混淆。

第三十三式　橫掃千軍

1. 隨著吸氣，身向左轉 180°；左腳隨轉身向右腳後落地，並隨著轉體成右蓋步交叉；同時，右手持刀，隨著身體左轉向左橫掃一周，橫掃時刀刃朝前，高不過膝，隨即

右手提刀向左側抹刀，然後再往懷中抽帶，並橫捧刀於胸前，刀刃朝左，刀尖朝前，手心朝上；左掌隨腰旋轉後護於右手腕處。目視刀尖，面向西（圖3-97）。

圖3-97

2. 隨著呼氣，左腳向前邁出一步，隨即兩腿屈膝下蹲成馬步；同時，右手持刀，前臂內旋，手心朝下，刀刃朝前，刀尖朝左，向右側猛力前錯刀（俗稱「刮」），力達刀刃中部；左掌屈臂外撐，斜架於頭左側。目視右前方，面向西南（圖3-98）。

圖3-98

「橫掃千軍」重在「掃」刀上。其刀法要如風似電，掄臂左旋橫掃一周，沿著膝蓋高度掃刀，有截攔割抹的作用。固右手握刀要緊，不可鬆散。然後馬步反錯刀，要求勁由內換，力達刀刃中部，並有向刀刃前端滑移的意念，才是正確的反錯刀用法。

第三十四式　懷中抱月

1. 隨著吸氣，身向左轉，重心偏移右腿；左腿前腳掌虛點地成左高虛步；同時，右手持刀，前臂外旋，刀由右側經身前膝下向左上方撩截刀，力達刀刃，刀約與肩胸同高，刀刃朝上，刀尖朝前，手心朝右；左掌護於右手腕處。目視刀尖，面向東（圖3-99）。

2. 上動不停。重心偏移左腿；右腿屈膝上提成左獨立步，右腳尖裡扣；同時，右手持刀，使刀刃朝上，刀尖朝

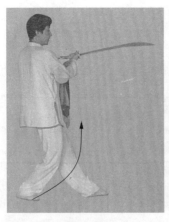

圖3-99　　　　　　　圖3-100

前；左手護於右手腕處成捧刀勢。目視前方，面向東（圖3-100）。

【要領】

捧刀上截應以腰代臂，直臂上掄刀，才可力達刀刃。隨即右提腿左獨立，身穩刀平，不可晃動。

第三十五式　白猿獻果

隨著呼氣，右腳向正前方躍步落地；同時，兩手捧刀，直臂向正前方反手平扎刀，力達刀尖；左腳隨扎刀之勢向前跟半步，蹭地有聲。目視正前方，面向東（圖3-101）。

【要領】

躍步翻腕前扎刀（俗稱「捅刀」），應該氣與意念相合，步法與扎刀動作協調一致，形成整力。後腿跟半步，以助其力。雙臂內不失纏勁。力達刀尖，意念已達刀前。

第三十六式　拖刀敗走

1. 隨著吸氣，身向右旋轉；左腳隨著轉體向右腿前方蓋步交叉，腳尖外撇；同時，右手持刀，刀由前向左側反手上撩刀，隨即前臂內旋，手心朝下抽帶刀；使刀刃朝外，刀尖朝左，置於左臂上側；左掌護於右手腕處，兩臂

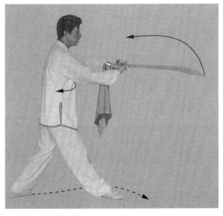

圖 3-101

圖 3-102

圖 3-103

相繼合抱呈半圓形。目隨刀移，面向東南（圖3-102）。

2.上動不停。身體繼續向右旋轉；右腳隨轉體向左腿兩側靠攏，隨即向右前方斜跨一步，腳尖外撇；右手持刀，左掌護於右手腕，仍保持相繼合抱狀；同時隨轉體向右抹帶刀，力達刀前刃。目隨刀移，面向南（圖3-103）。

圖 3-104

3.上動不停。身體繼續向右旋轉；左腳隨轉體向右腿前繞環蓋步交叉，腳尖外撇；雙臂仍保持相繼合抱狀，以右手持刀，隨轉體繼續向右抹帶刀，力達刀前刃。目隨刀移，面向北（圖3-104）。

轉身抹帶刀，要求平滑、圓暢地旋轉一周。旋轉中要頭虛領，臂外撐，含胸沉氣，腳心虛空，背向後靠，刀向斜抹，以腰帶臂，以臂帶刀，即走即帶，即轉即抹，身旋步移，步動刀帶，上下協調，整體一致「立如平準，活似車輪」。

第三十七式　仙人指路

隨著呼氣，右腳向右後側撤步震步，然後左腿屈膝下蹲成左弓步，右腿繃直，隨即腰向左旋；同時，右手持刀，手心下翻，以刀刃向右外側斜抹後，即刻手腕順纏向左前方猛力扎刀，力達刀尖，刀刃朝下，刀尖朝前，手心朝左，沉肩垂肘，屈臂提腕，手不超過左腳尖，刀約與胸腹齊平；左掌屈臂斜架於頭左側。目視正前方，面向西（圖 3-105）。

【要領】

此動作要求三合對應，即手與腳相合、肘與膝相合、肩與胯相合的「外三合」以及神與意合、筋與骨合、氣與力合的「內三合」。該勢外形雖然簡明，內

圖 3-105

在要求甚嚴，它是刀法中的一種樁功，不可忽視。源於「形意刀法」。扎刀要勁整力足，刀向前出，氣向下沉。十趾要抓地，腳心要空靈；頭要上頂，背要後撐。

第三十八式　猛虎甩尾

身向右轉；右腳尖屈膝外展，兩腿仍保持屈膝下蹲，重心略偏左腿成左偏低馬步；同時，右手持刀，隨著右轉身，使刀由左前方經膝前向身體右後側猛力甩臂格刀，力達刀面，刀尖朝右前方，刀刃朝下；左掌協調轉身，向頭左側撐擴，與右手形成對開之勢。目視右前方，面向東（圖3-106）。

【要領】

「猛虎甩尾」重在甩臂。忽然轉身，以腰帶臂，勁由腰發，通過臂直達刀面，有直接撥格（俗稱「搧」）對方兵械的作用。此處既有以巧引化對方兵械的作用，更有以

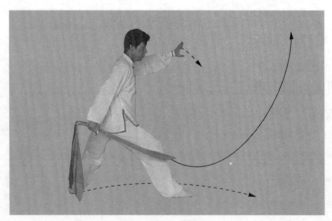

圖 3-106

精編陳式太極拳拳劍刀

功力克敵的意圖，同時要有以神逼人的氣勢。

第三十九式　手揮琵琶

1. 左腳向前邁出一步；同時，右手持刀，前臂外旋，由右下方向左上方斜截刀，力達刀刃前部，刀刃朝上，刀尖朝前，刀與肩同高；左掌護於右手腕處。目視正前方，面向束（圖3-107）。

2. 上動不停。身向右轉；兩腿屈膝下蹲成馬步；右手持刀，向下經身前畫弧下截刀，再屈臂提刀，繞過右肩，以刀背沿著身體後背完成裹腦刀花，隨即架於左臂上側，刀刃朝外，刀尖朝後，刀的護手盤交於左手處。目視左手，面向南（圖3-108）。

【要領】

上下截刀再裹腦，要在連貫中完成，圓活而不失沉穩。

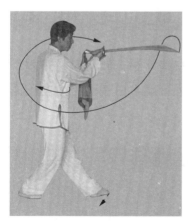 

圖3-107　　　　　　　　圖3-108

圖 3-109　　　　　　　　圖 3-110

第四十式　併步還原

1. 左手接刀，大拇指扣於刀盤處，其餘四指合攏抱刀，手臂向下垂，稍離開身體，刀刃朝外，刀尖朝上；同時，右腳向左腳內側併攏，直立站定；右手變掌，由身前畫弧向右側上方擺臂上架，掌心朝上。目視右上方，面向南（圖3-109）。

2. 上動不停。右掌下按於右胯外側，放鬆自然下垂；左手抱刀，直臂自然下垂，併步直立。目視前方，面向南（圖3-110）。

【要領】

併步收勢，周身放鬆，緩慢細長深呼吸。

精編陳式太極拳拳劍刀

附：作者淞武生涯

武世俊，男，1945 年生於山西省孝義縣。因原籍一帶是形意拳發祥地，習武之風甚濃，在此氛圍影響下，他從小就酷愛武術。8 歲時隨父到山西大同，投拜名師門下，學得了「梅花」「八法」「通臂」以及「查、炮、華、洪」等拳種和器械，從不同角度與風格上進行了深造，紮實地打下了長拳類底功，為今後鑽研其他類拳種奠定了良好的基礎。

在多次參加省、市以及全國武術比賽並擔任裁判員期間，他主動同與會的武林同仁交流研討，虛心學習，又學得了「八卦」「南拳」等拳械。1966 年底，他在北京投拜田秀臣為師，潛心鑽研陳式太極拳的拳理拳法及套路演練技巧和新老套路的不同風格特點。

在田老師的悉心傳授下，以及後來接觸到的馮志強、鄧杰等太極拳名師的精心指導下，使他在陳式太極拳的功法練習、推手散打及器械方面受益頗深。他演練的陳式太極拳沉穩灑脫，起伏跌宕，意在動前，情在動中，動如撕棉，迂迴折疊，讓人回味無窮。人民體育出版社音像部為其製作了光碟以向世人推薦。

武世俊於 1967 年開始正式收徒授藝。當時他主要教授長拳及形意拳類的拳械。1974 年開始在大同地區推廣陳式太極拳械及推手，從學者甚多，15 年後，該拳種在大同地區廣為流傳。在此基礎上，經當時市體委、市武協批准，

於 1988 年秋成立了「大同市陳式太極拳研究會」，他擔任會長。

他平時非常注重研究挖掘那些即將散失的傳統武術內容，去偽存真。並在 1985～1986 年積極參加了全國武術挖掘整理工作，並對山西省內流傳的拳種及主要代表人物進行了考證和資料整理。對八法拳械等一些即將散失的優秀拳種親自做了演練示範，由大會錄影歸檔。他著有《八法拳‧八法槍》一書並配以光碟，由人民體育出版社出版發行。在挖整工作期間，他把陳式太極拳與山西地區流傳的洪洞通背拳作了比較，從實用武術的拳理拳法出發，還太極拳練法以真實面貌。

前期同出版的《太極拳實用技擊法》與本書均是在這種思想指導下撰寫的，同時也是對以前已經出版的光碟在動作方面作較為詳細的說明。

習武半個世紀，他對中國武術多拳種的拳理拳法、技擊要求、演練特點不斷加深理解並融會貫通，使他演練的武術套路風格突出，手法準確，花樣翻新，形成一套獨特的、不拘一格的風格特點。他內外兼修，造詣頗深，尤精「八步金蟬鴛鴦手法」。多年來他經常從事武術比賽、裁判和教練工作，把大部分精力傾注在了中華武術的推廣和發展中。

大展好書　好書大展
品嘗好書　冠群可期

大展好書　好書大展
品嘗好書　冠群可期